书画古诗词

贾真光　主编

中国书店

编委会名单

主　编：贾真光

副主编：钱　浩　刘　群　赵彦琴

　　　　谭清洋　李昭岳　李　君

序

中国是诗的国度，诗歌在中小学教学中占很大比例。学生对古诗词的学习如不得其法，只是机械记忆，就不能很好地认知和感悟古诗词的美。

小学语文教材有一首王维的诗作《画》：“远看山有色，近听水无声。春去花还在，人来鸟不惊。”这是一首题画诗，是诗人因画而创作的诗歌。画中的山、水、花、鸟都是典型的中国画题材，在诗人眼里，这些题材也是诗歌中的意象，这些意象构成一个意境，与画作的意境相符。苏轼的《东坡题跋·书摩诘蓝田烟雨图》中评论王维的诗作：“味摩诘之诗，诗中有画；观摩诘之画，画中有诗。”王维既是诗人，又是画家，诗与画融合，以画作诗，因诗而作画。苏轼也是诗画大家，《惠崇春江晚景》就是他根据惠崇的画作《春江晚景》而创作的诗。

在我国传统文化中，不仅有依画作诗的情况，还有依诗而作画的情况。南宋绘画评论家邓椿的《画继》详细地记载了宋代画院以“野水无人渡，孤舟尽日横”“竹锁桥边卖酒家”“踏花归去马蹄香”等诗句命题作画的考试。这种依诗作画的传统一直沿续下来。在现代画家中，齐白石先生通过诗句“蛙声十里出山泉”而创作画作，傅抱石、关山月先生的画作《江山如此多娇》是因毛泽东主席《沁园春·雪》中“江山如此多娇”而创作的。

由此，我们也就不难理解中国自古就有的“诗画同源”之说。宋代文学家张舜民认为：“诗是有声画，画是有形诗。”古人能诗者多识画，能画者多知诗，两者不分。诗画融合始于唐代，在宋代达到纯熟。宋徽宗赵佶酷爱书画艺术，亲自出题选拔画家，多以诗句来命题，如“深山藏古寺”“红杏枝头春意闹”“踏花归去马蹄香”，等等。

“诗画同源”提示我们理解古诗词时，要注意理解诗词中的画境。诗歌以意境为胜，意境由意象所构成，因而具有画面感。诗是可感的语言艺术，以情动人；画是可见的艺术，以形悦人。诗与画二者相通，一个借助语言，言真情；一个借助色彩线条，画心声；二者的创造均有赖于意象的捕捉、意境的追求。

20世纪，我国孩童多是从连环画开始学习识字、阅读，成年后，虽然很多故事已模糊，但对画面的记忆却很深刻，留存久远。因此，借助绘画进行古诗词教学，让孩子在画中学习古诗词，在读诗词中感悟其中的“画”意，非常有助于学生对诗词的理解。

此外，中国汉字来源于图画。汉字是形音义一体的文字，它起源于象形文字，而象形文字起源于原始的绘画，所以汉字本身就有绘画的因素。而书写汉字的艺术——书法也是我国独特的艺术形式之一，因此，若将每首诗词以书法的形式书写出来，既可以使学生欣赏书法中的“诗情画意”，又可加强对诗歌的记忆。

有鉴于此，我们编辑这本《书画古诗词》进行尝试和探索。希望古诗词书画对我们的熏陶濡染不因时代日久而消失，反而愈久愈显其厚重，愈能滋养更多的中华儿女。

依诗作画，以画解诗，首先要了解诗歌。为培养学生的诗歌诵读，本书在诗歌正文部分加黑标注了诗歌的韵脚，用斜线划分了诗句的节奏，便于学生了解诗歌的节奏和韵律。在正文外，本书设计了五部分。第一部分是“诗词导读”，主要是对古诗词的解读，帮助学生或协助家长理解诗词。第二部分是“诗词书写”，“好记性不如烂笔头”，这一部分主要是在描红式的书写中加强学生对诗词的记忆，同时也锻炼学生写字的心性，静心以学诗。第三部分为“品画诗词”，学生可结合对诗词的理解，给配画上色，以增强对诗词意境的理解。第四部分是“诗词默写”，学生可根据对第二部分“诗词书写”中的描红记忆，自己把诗词默写下来，一则练习书法，二则巩固对诗词的记忆。第五部分是“知识拓展”，介绍与诗词内容有关的文化知识，拓展对古代文化的了解。此外，在标点方面，本书未采用现代标点的方式用叹号或问号，只是使用传统的句号和逗号来断句，以便学生在诵读时，自己体会其中的语气，希望所有的语气能通过品读文字获得“会心”的效果。

本书在诗歌顺序的编排上以小学生对诗歌直观的理解与方便书画为基础，按咏物诗、哲理诗、咏史诗、送别诗、边塞诗、思乡诗、爱国诗、生活诗、写景诗等顺序安排，这样编排使学生对某一题材的诗能深刻地理解和记忆。本书文字由贾真光和李君两位老师编著，谭清洋老师对文稿进行修订；书法由钱浩老师书写，由李昭岳进行后期处理；所配插画由首都师范大学刘群老师绘制；赵彦琴老师做后期文稿的润色工作。

限于学识，不足之处，敬请大家批评指正。

编　者

2021 年 5 月 5 日

目 录

咏鹅……〔唐〕骆宾王（1）
咏柳……〔唐〕贺知章（4）
风……〔唐〕李峤（7）
古朗月行（节选）……〔唐〕李白（10）
蜂……〔唐〕罗隐（13）
墨梅……〔元〕王冕（16）
石灰吟……〔明〕于谦（19）
竹石……〔清〕郑燮（22）
浪淘沙……〔唐〕刘禹锡（25）
长歌行……汉乐府（28）
登鹳雀楼……〔唐〕王之涣（32）
题西林壁……〔宋〕苏轼（35）
春日……〔宋〕朱熹（38）
观书有感……〔宋〕朱熹（41）
江南……汉乐府（44）
夏日绝句……〔宋〕李清照（47）
送元二使安西……〔唐〕王维（50）
芙蓉楼送辛渐……〔唐〕王昌龄（53）
赠汪伦……〔唐〕李白（56）
送孟浩然之广陵……〔唐〕李白（59）
别董大……〔唐〕高适（62）
赋得古原草送别……〔唐〕白居易（65）
晓出净慈寺送林子方……〔宋〕杨万里（69）
凉州词……〔唐〕王之涣（72）

凉州词……〔唐〕王翰（75）
出塞……〔唐〕王昌龄（78）
塞下曲……〔唐〕卢纶（81）
回乡偶书……〔唐〕贺知章（84）
九月九日忆山东兄弟……〔唐〕王维（87）
静夜思……〔唐〕李白（90）
枫桥夜泊……〔唐〕张继（93）
游子吟……〔唐〕孟郊（96）
泊船瓜洲……〔宋〕王安石（99）
悯农（其一）……〔唐〕李绅（102）
悯农（其二）……〔唐〕李绅（105）
江上渔者……〔宋〕范仲淹（108）
示儿……〔宋〕陆游（111）
秋夜将晓出篱门迎凉有感……〔宋〕陆游（114）
题临安邸……〔宋〕林升（117）
已亥杂诗……〔清〕龚自珍（120）
敕勒歌……北朝民歌（124）
池上……〔唐〕白居易（127）
小儿垂钓……〔唐〕胡令能（130）
寻隐者不遇……〔唐〕贾岛（133）
清明……〔唐〕杜牧（136）
元日……〔宋〕王安石（139）
四时田园杂兴（其二十五）……〔宋〕范成大（142）
四时田园杂兴（其三十一）……〔宋〕范成大（145）
乡村四月……〔宋〕翁卷（148）
所见……〔清〕袁枚（151）
村居……〔清〕高鼎（154）
绝句……〔唐〕杜甫（157）
望庐山瀑布……〔唐〕李白（160）
春晓……〔唐〕孟浩然（163）
鹿柴……〔唐〕王维（166）

早发白帝城……………………………………………〔唐〕李白（169）
望天门山………………………………………………〔唐〕李白（172）
春夜喜雨………………………………………………〔唐〕杜甫（176）
绝句……………………………………………………〔唐〕杜甫（179）
江畔独步寻花…………………………………………〔唐〕杜甫（182）
滁州西涧………………………………………………〔唐〕韦应物（185）
早春呈水部张十八员外…………………………………〔唐〕韩愈（188）
渔歌子…………………………………………………〔唐〕张志和（191）
望洞庭…………………………………………………〔唐〕刘禹锡（194）
忆江南…………………………………………………〔唐〕白居易（197）
江雪……………………………………………………〔唐〕柳宗元（200）
山行……………………………………………………〔唐〕杜牧（203）
江南春…………………………………………………〔唐〕杜牧（206）
书湖阴先生壁…………………………………………〔宋〕王安石（209）
六月二十七日望湖楼醉书………………………………〔宋〕苏轼（212）
饮湖上初晴后雨………………………………………〔宋〕苏轼（215）
惠崇春江晚景…………………………………………〔宋〕苏轼（218）
三衢道中………………………………………………〔宋〕曾几（221）
小池……………………………………………………〔宋〕杨万里（224）
游园不值………………………………………………〔宋〕叶绍翁（227）

咏 鹅

〔唐〕骆宾王

骆宾王（约 626—约 647），婺州义乌（今属浙江）人，唐代文学家，与王勃、杨炯、卢照邻并称“初唐四杰”。相传他七岁时作《咏鹅》诗，被誉为神童。有作品集《骆宾王文集》。

鹅，鹅，鹅，
曲项/向天/歌。
白毛/浮/绿水，
红掌/拨/清波。

一、诗词导读

《咏鹅》是一首咏物诗。首句采用拟声的修辞手法，“鹅，鹅，鹅”，从听觉写出鹅欢快的叫声。第二句通过视觉描写鹅的“曲项”，同时与第一句相呼应，用“向天”进一步写出鹅高昂而歌的形态。第三句从色彩角度描写鹅的颜色和生活习性，用“白毛”写出鹅的纯洁之态，用“绿水”衬托鹅所处环境的清幽。第四句的“红掌”“清波”与第三句呼应，描写鹅游泳的动作，给人以清雅之感。

这首诗用“曲项”写鹅的形态独特优雅，用“白毛”“红掌”描写鹅的颜色鲜明，用“歌”“浮”“拨”描写鹅的动作，用“绿水”“清波”描写鹅的生活习性。

整首诗从听觉引发视觉，进而从静态和动态两个方面描写鹅的自在状态，自然、真切、传神。诗歌借鹅的声音、形态、颜色和生活环境的描写来喻人，表达了做一个高雅之士的理想。

二、诗词书写

咏鹅

[唐]骆宾王

鹅，鹅，鹅，
曲项向天歌。
白毛浮绿水，
红掌拨清波。

三、品画诗词

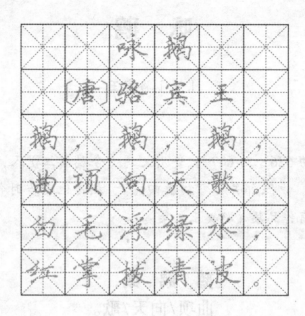

骆宾王的《咏鹅》描绘了鹅的形象和生活习性，依据诗歌的描述，请用彩笔描画出鹅及其生活环境。

四、诗词默写

五、知识拓展

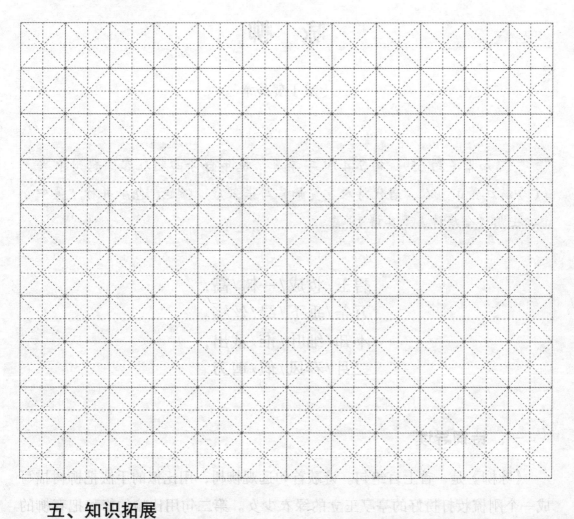

大书法家王羲之非常喜欢鹅，他居住的会稽郡（今属浙江）有一位老太太养了只鹅，叫声很好听，他想买，老太太却没卖给他。于是他就带着亲友去观看那只鹅。老太太听说王羲之要来，便想好好招待他，就把鹅给煮了。王羲之为此难过了一天。

山阴县（今属浙江）有位道士养了一群鹅。王羲之听说后就去观看鹅，他非常喜欢，恳求道士把鹅卖给他。道士说：“你为我写一份《道德经》，我就把这群鹅全送给你。”王羲之非常高兴地答应了。他写完《道德经》，交给道士，就用笼子把鹅装回去了。

咏 柳

〔唐〕贺知章

贺知章（约659—约744），字季真，晚年自号四明狂客，越州永兴（今浙江萧山）人，唐代诗人。贺知章与张若虚、张旭、包融并称“吴中四士”，《全唐诗》录其诗19首。

碧玉/妆成/一树/高，
万条/垂下/绿/丝绦。
不知/细叶/谁/裁出，
二月/春风/似/剪刀。

一、诗词导读

《咏柳》是一首七言绝句。诗歌首句远观柳树，用比拟的手法把柳树描写成一个刚梳妆打扮好的亭亭玉立的绿衣少女。第二句用比喻的修辞把春柳的柔嫩枝条比成少女绿色的丝织裙带。第三句和第四句由“绿丝绦”引出细细的柳叶，采用自问自答的方式行文。先是问道：这是谁剪裁出来的呢？然后诗人自己通过联想解答：应该是柔和的二月春风剪裁出的。

这首诗作为咏物诗，抓住春天柔嫩婀娜的柳枝柳叶，以比拟的手法描绘春天的美好和大自然的工巧，表达了作者对春的喜爱，让我们了解到一草一木都能给人以美感。

贺知章作为唐朝前期一位重要诗人，其诗作对唐诗题材的发展具有一定的引导作用，对盛唐诗歌的创作实践也具有示范意义。

二、诗词书写

咏柳

〔唐〕贺知章

碧玉妆成一树高，
万条垂下绿丝绦。
不知细叶谁裁出，
二月春风似剪刀。

三、品画诗词

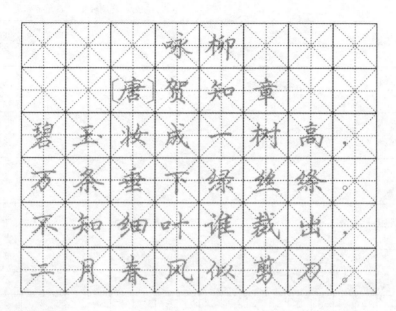

贺知章的《咏柳》展示了春柳的婀娜多姿，请用彩笔描画出柳树的姿态及其生活环境。

四、诗词默写

五、知识拓展

在中国传统文学的长河里，尤其是在古典诗词中，柳树是经常被提及的植物之一。柳树常植于河边、路旁或庭院中装点风景，以其婆娑的姿态、翠绿的颜色、柔软的枝条和早春萌发的生长特征深得文人喜爱，成为春景诗词常见的意象。

柳树与中国古典诗词的情感表达有着不解之缘，它寄托着诗人的情感经历和生命体验。“柳”者，“留”也，“柳”“留”二音相谐，因而古人折柳相留，言分别时的不舍之意。古人很多描写离别的诗词中常常出现柳树，用以表达依依惜别之情。另外，柳絮飘忽不定，也常作为诗人遣愁的凭借。

风

〔唐〕李峤

李峤（644—713），字巨山，赵州（今属河北）人。他与杜审言、崔融、苏味道并称“文章四友”。他的诗歌多是五言诗，现存咏物诗 120 首。

解落/三秋/叶，
能开/二月/**花**。
过江/千尺/浪，
入竹/万竿/**斜**。

一、诗词导读

《风》是一首五言诗。这首诗前两句从季节来写风，既有温柔的春风，也有凄冷的秋风。第一句写秋风，诗人认为树叶飘零是秋风吹落的；第二句写春风，诗人认为春日百花绽放是春风吹开的。诗人描绘出风使花和叶这两种时物变化的景象，说明生命的开始和陨落都是风的作用。后两句写不同地方的烈风。第三句写江面上的风，诗人用夸张的手法写江风可以掀起千尺巨浪；第四句写竹林中的风，描绘烈风吹时，竹竿被吹斜的样子。通过“叶”“花”“浪”“竹”这四种自然物象在风力作用下的变化，间接地表现出“风”的不同作用：使晚秋树叶脱落，使二月鲜花开放，使江河掀起千尺巨浪，使竹林倾斜。

本诗作为咏物诗，借风的不同表现喻指人有不同的能力。我们要做一个对社会有益处的人，不做为害社会的人。

二、诗词书写

风

〔唐〕李峤

解落三秋叶，
能开二月花。
过江千尺浪，
入竹万竿斜。

三、品画诗词

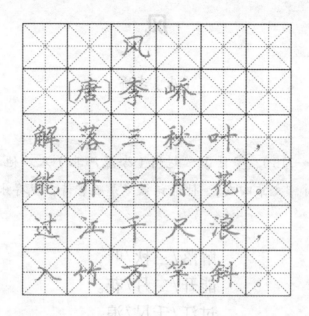

李峤的诗歌《风》表现了自然事物在风的作用下呈现出的各种状态，请用画笔描画出风中的事物。

四、诗词默写

五、知识拓展

中国古代是农耕社会，非常注意季节的变化，人们观察到不同季节有不同的风。在古代诗歌中，风往往显示季节。古人还把四季与四方相配，《礼记·乡饮酒义》说："东方者春……南方者夏……西方者秋……北方者冬。"这样一来，不同方向的风也与四季发生了关联。在诗歌里，诗人经常描写不同方向的风以暗示不同的季节，东风表示春风，南风表示夏风，西风表示秋风，北风表示冬风。

古朗月行（节选）

〔唐〕李白

李白（701—762），字太白，号青莲居士，贺知章称其为“谪仙人”，祖籍陇西成纪（今甘肃静宁）。李白是唐代伟大的诗人，被后人誉为“诗仙”，与杜甫并称“李杜”，代表作有《望庐山瀑布》《行路难》《蜀道难》《将进酒》《梁甫吟》《早发白帝城》等，有《李太白集》传世。

小时/不识/月，呼作/白玉/**盘**。
又疑/瑶台/镜，飞在/青云/**端**。
仙人/垂/两足，桂树/何/**团**团。
白兔/捣药/成，问言/与谁/**餐**。

一、诗词导读

《古朗月行》是李白以乐府古题创作的一首五言古体诗。诗歌前两联写孩提时代对月亮的认识，以“白玉盘”“瑶台镜”为喻，描绘出月亮皎洁如玉、远挂云端的自然美的形态，用“呼”和“疑”两个字写儿童时期对月亮稚气的认识。

后两联写与月有关的神话传说。在中国古代神话传说中，月中有仙人、桂树、白兔。月亮升起，诗人遥想着那里有仙人垂着两只脚，有一棵棵茂盛的桂树。当他想象到月中还有捣药的玉兔时，不禁发出疑问：它捣的药给谁吃呢？诗人描写与月有关的神话传说，写出了月亮的神秘，表达了对月上仙境的向往。

二、诗词书写

古朗月行

〔唐〕李白

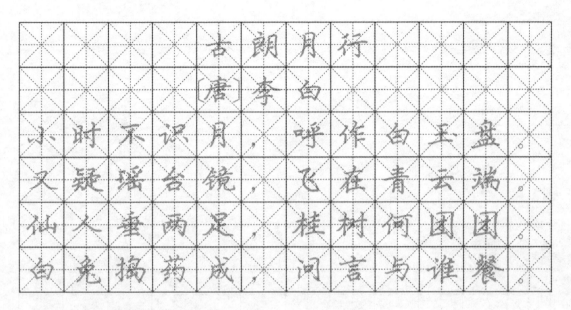

小时不识月，呼作白玉盘。
又疑瑶台镜，飞在青云端。
仙人垂两足，桂树何团团。
白兔捣药成，问言与谁餐。

三、品画诗词

李白的诗歌《古朗月行》描绘了他所看到的月亮，用你的画笔描画一下朗月的画面。

四、诗词默写

五、知识拓展

传说嫦娥到了月宫后，异常思念丈夫后羿。后羿也日夜想念嫦娥，希望能再见到妻子。一天，一位仙人向后羿指点了方法：在八月十五月圆之夜，将面做成如圆月的形状，放在屋子的西北方，然后连续呼唤嫦娥的名字，三更时分，嫦娥就可以回家团聚。后羿照做，果然见到了从月亮中飞来的嫦娥，夫妻团圆。这种面制的如圆月一般的“饼”后来就演变成了各式月饼。

蜂

〔唐〕罗隐

罗隐（833—909），字昭谏，余杭（今属浙江）人，晚唐诗人。著有《谗书》及《两同书》。

不论/平地/与/山尖，
无限/风光/尽/被占。
采得/百花/成蜜/后，
为谁/辛苦/为谁/甜。

一、诗词导读

《蜂》是一首七言咏物诗，也是一首寓理诗。这首诗前两句描写蜜蜂为了采蜜，无论山峰还是平地，只要有花的地方就要飞去采蜜。在别人眼里，蜜蜂飞在百花丛中，欣赏美丽的鲜花，占尽美好的春光。然而他们并不知道蜜蜂并无此心，它们只是为采集花蜜而四处奔波。诗人由前两句引出后两句评论：这些蜜蜂辛苦采集的花粉酿成花蜜后，最后是为了谁呢？它们采花酿蜜本来是为了自己的生存，但这样千辛万苦得来的劳动果实却被人剥夺了。诗人既赞美了像蜜蜂一样辛勤的劳动人民的高尚品格，也表达了对他们的同情。

二、诗词书写

蜂

〔唐〕罗隐

不论平地与山尖，

无限风光尽被占。

采得百花成蜜后，

为谁辛苦为谁甜。

三、品画诗词

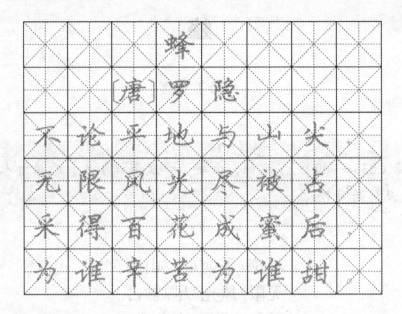

罗隐的诗歌《蜂》描写蜜蜂的采蜜活动，请用你的画笔描画一下蜜蜂活动中看到的各种色彩。

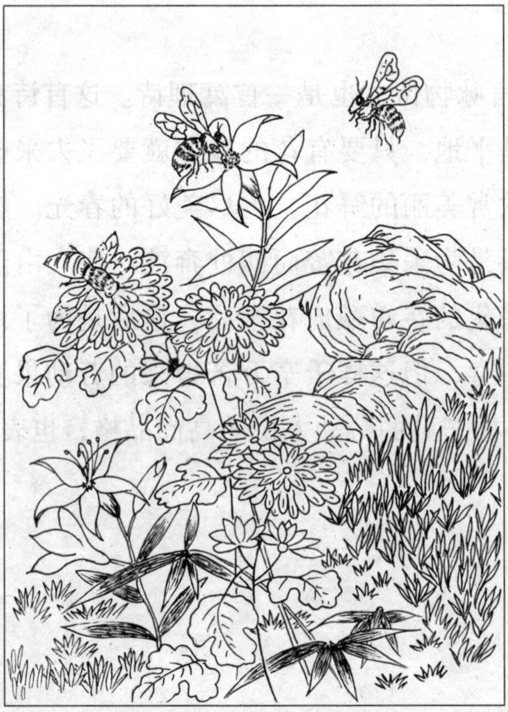

四、诗词默写

五、知识拓展

蜜蜂在中华大地已生存了几千万年。人类从认识蜜蜂、饲养蜜蜂、研究蜜蜂到利用蜜蜂产品的过程中，形成了丰富多彩的蜜蜂文化，并渗透到文学、艺术、民俗、医药等各领域。

晋代人郭璞的《蜜蜂赋》是我国最早的一篇较全面揭示蜜蜂王国奥秘的文章。南朝梁朝简文帝萧纲写过五言诗《咏蜂》：“逐风从泛漾，照日乍依微。扣君不留眄，衔花空自飞。”

墨梅

〔元〕王冕

王冕（1287—1359），字元章，号梅花屋主、煮石山农、食中翁等，诸暨（今属浙江）人。元朝著名画家、诗人、篆刻家，有《竹斋集》。

吾家/洗砚/池头/树，
朵朵/花开/淡墨/痕。
不要/人夸/好/颜色，
只留/清气/满/乾坤。

一、诗词导读

这是一首七言咏物题画诗。开篇两句表达了诗人对梅花的喜爱。这两句描写的是现实中的梅花，一树梅花生长在门前池水边，诗人作完画后，要去那里洗砚台。“洗砚池”化用王羲之“临池学书，池水尽黑”的典故。第二句写诗人画作上的梅花，诗人用淡淡水墨点染而成的梅花朵朵开放，黑白相间，表现诗人淡雅的品格。第三句和第四句盛赞墨梅的高风亮节，写的是诗人精神上的梅花。墨梅由淡墨画成，外表并不娇艳，但具有神清骨秀、高洁端庄、幽独超逸的内在气质。它不想用鲜艳的色彩去吸引人、讨好人，求得人们的夸奖，只愿散发出一股清香，让它留在天地之间。这两句正是诗人的自我写照，表达了诗人有着梅花一样的高雅品格和精神追求。

这首诗表现了诗人鄙薄流俗、独善其身、淡泊名利的高尚情操，一“淡”一“满”尽显个性。

二、诗词书写

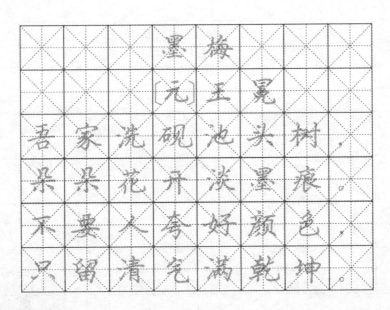

			墨	梅			
			〔元〕	王	冕		
吾	家	洗	砚	池	头	树	，
朵	朵	花	开	淡	墨	痕	。
不	要	人	夸	好	颜	色	，
只	留	清	气	满	乾	坤	。

三、品画诗词

王冕的《墨梅》是咏题一幅画，选好颜色，你也来跟着画一画。

四、诗词默写

五、知识拓展

王冕七八岁时，父亲要他去放牛，他却偷偷地溜进学舍听学生们念书，听了就默默记住，结果晚上竟然忘了牵牛回家。有时会有人把牛牵回来，诉说牛踩了他的田。王冕的父亲很生气，就狠狠地揍他，但王冕还是不改。王冕的母亲说：“他这么执着，你何不由着他呢？”

大学者韩性听说了王冕的故事，觉得很惊讶，便把他收作弟子。韩性死后，他的门人对待王冕就像对待韩性一样尊敬。

石　灰　吟

〔明〕于谦

于谦（1398—1457），字廷益，号节庵，杭州府钱塘县（今浙江杭州）人。于谦为人刚直不阿，任兵部尚书时，亲自督战，抵御瓦剌大军，迫使瓦剌议和，并释放明英宗。因石亨等诬陷，于谦含冤遇害，有《于忠肃集》传世。他与岳飞、张煌言并称“西湖三杰”。

千锤/万凿/出/深山，
烈火/焚烧/若/等闲，
粉骨/碎身/浑/不怕，
要留/清白/在/人间。

一、诗词导读

《石灰吟》是一首七言咏物诗。诗歌首句描述石灰石经过铁锤钢钎千万次的开凿，才被从深山里开采出来，侧面写石灰最初生长的环境，以及它经历的第一次磨炼——捶打。第二句写石灰石被开采出来后要在石灰窑经历“烈火焚烧”。诗人用“若等闲”三字，写石灰石在烈火的考验中，镇定自若，淡然不惧。第三句写煅烧后的石灰石还要经历“粉骨碎身”的碾压，才形成洁白的石灰，为社会所用，为百姓创造美的生活。“浑不怕”三字字义虽直白却力透纸背，写出作者为国家、民族和社会做贡献，不怕牺牲的精神。这三句象征着志士仁人在成长过程中要经历刻骨的锤打斧凿，经历烈火一般的磨炼和碾压成粉末的考验，才能成才，才能做到面临无论怎样严峻的考验都从容不迫。经历这样锻炼的人，有了坚毅的品格和高尚的理想，即使粉身碎骨也在所不惜，因为诗人“要留清白在人间”，立志要做纯洁清白的人。

《石灰吟》是于谦生平和人格追求的真实写照。咏石灰即是咏自己磊落的襟怀、崇高的人格。诗人以石灰作比，托物言志，表达自己为国尽忠、不怕牺牲的意愿和坚守高洁情操的决心。

二、诗词书写

石灰吟

〔明〕于谦

千锤万凿出深山，

烈火焚烧若等闲。

粉骨碎身浑不怕，

要留清白在人间。

三、品画诗词

于谦的《石灰吟》讲述了石灰石经过锤炼成为洁白有用的石灰的过程，借石灰歌颂了坚忍不拔、保持纯洁的品格。拿出画笔描画一下石灰所经历的锤打煅炼过程吧。

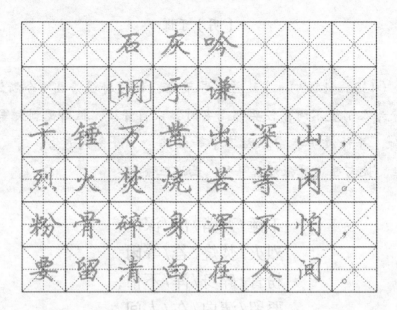

四、诗词默写

五、知识拓展

八岁时，于谦穿着红色衣服骑马玩耍。邻家老者觉得很有趣，戏弄他说：“红孩儿，骑黑马游街。”于谦应声而答：“赤帝子，斩白蛇当道。”他对出的下联不仅工整，而且还显露出他非同寻常的气势。

少年时期的于谦刻苦读书，志向高远。他仰慕文天祥的气节，把文天祥的像悬挂在座位侧面，几十年如一日。

竹 石

〔清〕郑燮

郑燮（1693—1765），字克柔，号板桥，兴化（今江苏兴化）人，为“扬州八怪”重要代表人物。他的诗书画，世称“三绝”，著有《郑板桥集》。

咬定/青山/不/放**松**，
立根/原在/破岩/**中**。
千磨/万击/还/坚劲，
任尔/东西/南北/**风**。

一、诗词导读

这是一首七言咏物诗。这首诗着力表现了竹子顽强而又执着的品质。首句把岩竹拟人化，以“咬定”突出画中竹子扎根山间，信念坚定。第二句用“破岩”表现出竹子生存环境的恶劣和它顽强的生命力。第三句写岩竹的品格，虽然遭受无数次风霜雨雪的磨难，依旧身姿坚挺。最后一句描述竹子不畏惧来自东西南北的狂风的击打，一个“任”字显示出竹子在种种考验面前潇洒慷慨的姿态。

这首诗借竹写人，写出作者刚正不阿、坚强不屈的品格和决不向任何邪恶势力低头的高风傲骨。作者借用这首诗激励我们在曲折恶劣的环境中，要像在石缝中的竹子一样坚强、刚毅、勇敢。

二、诗词书写

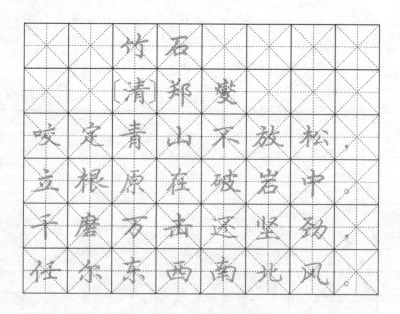

		竹	石				
	〔清〕	郑		燮			
咬	定	青	山	不	放	松	，
立	根	原	在	破	岩	中	。
千	磨	万	击	还	坚	劲	，
任	尔	东	西	南	北	风	。

三、品画诗词

郑板桥的《竹石》中的竹子和石头应是什么颜色的呢？你来画一下吧。

四、诗词默写

五、知识拓展

一个豪绅求郑板桥题写门匾。他平日里巴结官府，干尽了坏事。郑板桥决定要捉弄他一下，便写了“雅闻起敬”四个字。油漆门匾时，郑板桥叮嘱漆匠对“雅”“起”“敬”三个字只漆左半边，对“闻”字只漆“门”字。过了一段时间，豪绅家门匾上没上漆的字变得模糊不清了，而上漆的部分却越发清晰。远远一看，“雅闻起敬”竟成了“牙门走苟”（“衙门走狗”的谐音）。

浪 淘 沙

〔唐〕刘禹锡

刘禹锡（772—842），字梦得，洛阳（今属河南）人，唐朝文学家，有“诗豪”之称。刘禹锡诗文俱佳，与柳宗元并称“刘柳”，与白居易合称“刘白”，与韦应物、白居易合称“三杰”。有《陋室铭》《竹枝词》《杨柳枝词》《乌衣巷》等名篇，存世有《刘宾客文集》。

九曲/黄河/万里/沙，
浪淘/风簸/自/天涯。
如今/直上/银河/去，
同到/牵牛/织女/家。

一、诗词导读

诗的前两句从远观描写黄河自天边而来，曲折流淌，行经万里，沙水浑浊，风浪翻滚，滔滔不绝，气势磅礴，虽不断经历曲折、磨难，仍勇往直前。“自天涯”而来的黄河要流到哪里去呢？在后两句中，诗人以奇特的想象对此做了回答，原来黄河是要直上九天，流到银河中去的，“我”可以与黄河一起到牛郎织女家做客。表现出诗人对未来充满自信和乐观的豪迈胸襟。

唐永贞元年（805），刘禹锡因参加王叔文“永贞革新”失败而被贬到边远的地方为官数年。他没有沉沦，而是以积极乐观的态度面对。这首诗用浪漫主义的想象，营造出雄浑壮阔、大开大合的境界，字里行间充满百折不回、昂扬奋发的力量。

二、诗词书写

浪淘沙

〔唐〕刘禹锡

九曲黄河万里沙，

浪淘风簸自天涯。

如今直上银河去，

同到牵牛织女家。

三、品画诗词

刘禹锡的《浪淘沙》描绘了唐代的黄河，依据他的诗句，描画一下我们的母亲河吧。

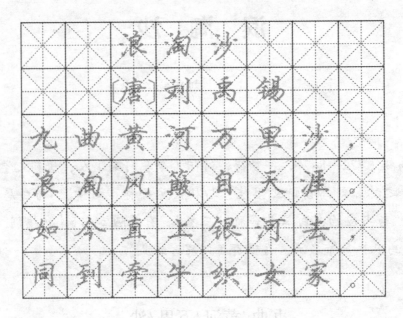

四、诗词默写

五、知识拓展

黄河，中国古代称“河”，发源于中国青海省巴颜喀拉山，流经青海、四川、甘肃、宁夏、内蒙古、陕西、山西、河南、山东九个省区，最后于山东省东营市垦利县注入渤海，全长 5464 千米，是中国第二长的河流，仅次于长江，也是世界第五长的河流。

长 歌 行

汉乐府

乐府是秦代开始由朝廷设立的音乐机关，它除了将文人创作的诗配乐演唱外，还负责采集民歌。汉武帝时，乐府规模扩大，搜集了大量民间诗歌，后世称这些诗歌为“乐府诗”，或简称“乐府”。汉乐府诗歌语言通俗，多为五言诗，它是继《诗经》《楚辞》而起的一种新诗体，与《诗经》《楚辞》鼎足而立。

青青/园中/葵，朝露/待/日晞。
阳春/布/德泽，万物/生/光辉。
常恐/秋节/至，焜（kūn）黄/华叶/衰。
百川/东/到海，何时/复/西归。
少壮/不/努力，老大/徒/伤悲。

一、诗词导读

《长歌行》是汉乐府诗，是劝诫世人惜时奋进的名篇。汉乐府诗主要保存在宋郭茂倩所编《乐府诗集》中。

诗的第一联以“青青园中葵”比喻人的美好青春，以朝露受日晒而迅速消失比喻这段时光非常短暂。第二联把美好的青春比作春天万物，万物在春季阳光照耀下努力生长，告诉人们要惜时奋进。第三联进一步写万物为什么在春季努力生长，因为它们担心秋天一到，花落叶衰，一无所获。第四联以河水作比喻，写人生时光就像向东流入海的河水，一去不返。第五联直接劝告世人，少年时期一定要努力，如果不努力，老了只能徒劳地悔恨当初不珍惜时光。

全诗借助朝露易晞、花叶秋落、流水东去不归暗喻时光易逝、生命短暂，鼓励人们紧紧抓住随时间飞逝的生命，奋发努力，趁少壮年华有所作为。

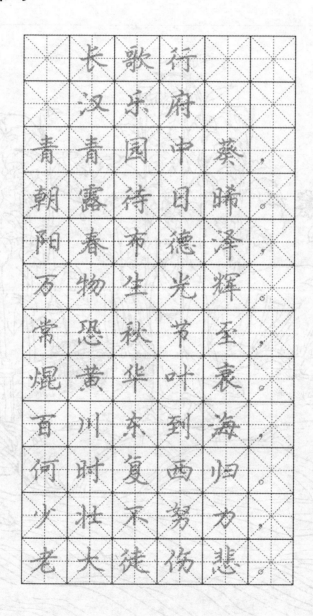

二、诗词书写

长歌行

汉乐府

青青园中葵，
朝露待日晞。
阳春布德泽，
万物生光辉。
常恐秋节至，
焜黄华叶衰。
百川东到海，
何时复西归。
少壮不努力，
老大徒伤悲。

三、品画诗词

汉乐府《长歌行》劝勉我们要珍惜时光，用画笔描绘诗歌中的人物和事物，体会其中的含义。

四、诗词默写

五、知识拓展

《乐府诗集》是宋代郭茂倩编的一部乐府诗总集，全书一百卷，分十二类。上起汉魏，下迄五代，兼有秦以前歌谣十余首。除收入朝廷乐章外，还保存了大量民间入乐的歌词和文人创造的新乐府诗。全书各类有总序，每曲有题解，对各种歌辞、曲词的起源和发展，均有考订。

登鹳雀楼

〔唐〕王之涣

王之涣（688—742），字季凌，并州晋阳（今山西太原）人。王之涣豪放不羁，常击剑悲歌，其诗多被当时乐工制曲歌唱，他还常与高适、王昌龄等相唱和。他的诗歌以善于描写边塞风光著称，著名作品有《登鹳雀楼》《凉州词》和《送别》。

白日/依山/尽，
黄河/入海/**流**。
欲穷/千里/目，
更上/一层/**楼**。

一、诗词导读

《登鹳雀楼》是一首五言绝句。诗歌首句写动态之景，诗人登上蒲州城西门外的鹳雀楼，向西远眺，看到白日依山，徐徐而落，大部分已没入山后，只有一点尚存，一天将尽。第二句诗从横向写景，写黄河水奔流而下，一路奔向大海，暗喻人生如东流之水，岁月匆匆，时不我待。诗的前两句写登高远望之景，表面是写自然景色，实则是抒发时光易逝、岁月流失的感慨，为后两句的议论做铺垫。诗歌后两句写意，表达了诗人在登高望远中表现出来的不凡的胸襟抱负，反映了盛唐时期人们积极向上的进取精神。这首诗把眼下景物与人生哲理紧密结合，抒发人生壮志。

二、诗词书写

登鹳雀楼

〔唐〕王之涣

白日依山尽，

黄河入海流。

欲穷千里目，

更上一层楼。

三、品画诗词

王之涣的《登鹳雀楼》写诗人登楼时所见所想，用画笔描画一下诗人当时所见的世界。

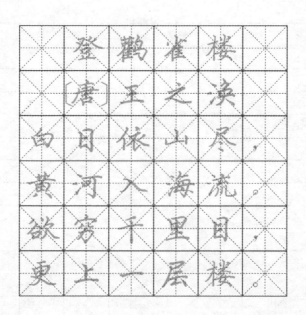

四、诗词默写

五、知识拓展

鹳雀楼古名鹳鹊楼，其故址在山西永济市境内古蒲州城外西南的黄河岸边。《蒲州府志》记载：“（鹳雀楼）旧在郡城西南黄河中高阜处，时有鹳雀栖其上，遂名。”

有人认为这首诗是盛唐处士朱斌所作，名《登楼》，其依据是盛唐太学生芮挺章编选的《国秀集》。《国秀集》是现存最早的唐诗选本，在这本集子中还选录了王之涣的三首诗，唯独没有《登鹳雀楼》一诗。清康熙年间修纂的《全唐诗》虽收入了王之涣《登鹳雀楼》一诗，但又加注：“一作朱斌诗。”

题西林壁

〔宋〕苏轼

苏轼（1037—1101），字子瞻，又字和仲，号东坡居士、铁冠道人，世称苏东坡、苏仙，眉州眉山（今属四川）人，北宋文学家、书法家、画家。苏轼是北宋中期的文坛领袖，在诗词、散文、书画等方面均取得了很高成就。其父苏洵和其弟苏辙也是著名文学家，他们父子三人合称“三苏”；其诗与黄庭坚并称“苏黄”；其词开豪放一派，与辛弃疾同是豪放派代表，并称“苏辛”；其散文与欧阳修并称“欧苏”，二人同被列入“唐宋八大家”。苏轼亦善书，为“宋四家”之一；工画，尤擅墨竹、怪石、枯木等。有《东坡七集》《东坡易传》《东坡乐府》等传世。

横看/成岭/侧/成峰，
远近/高低/各/不同。
不识/庐山/真/面目，
只缘/身在/此山/中。

一、诗词导读

《题西林壁》是苏轼的一首哲理诗。诗的前两句描述了庐山在不同视角下的不同的形态：横看则崇山峻岭，郁郁葱葱，绵延逶迤；侧看则峰峦起伏，奇峰突起，耸入云端。从远处、近处、高处、低处看庐山，所看到的山色和气势又不相同。前两句的概括说明为后两句的感悟做铺垫。为何从不同方位看到庐山的不同形态，而“不识庐山真面目”呢？根源是“身在此山中”。作者告诉世人，只有远离庐山，跳出庐山的遮蔽，才能全面把握庐山的真正姿态。

苏轼于宋神宗元丰七年（1084）由黄州贬所改迁汝州团练副使，赴汝州时经过九江，与友人参寥同游庐山。瑰丽的山水触发他的逸兴壮思，于是写下了若干首庐山纪游诗。《题西林壁》是游观庐山后的总结之作。

二、诗词书写

题西林壁

〔宋〕苏轼

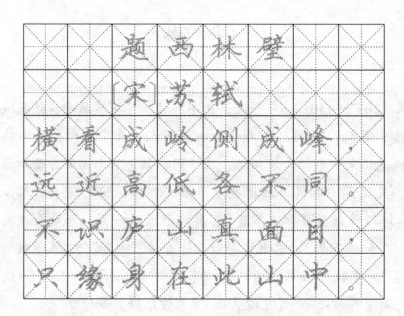

横看成岭侧成峰，
远近高低各不同。
不识庐山真面目，
只缘身在此山中。

三、品画诗词

请用你的画笔描画一下苏轼《题西林壁》中的庐山。

四、诗词默写

五、知识拓展

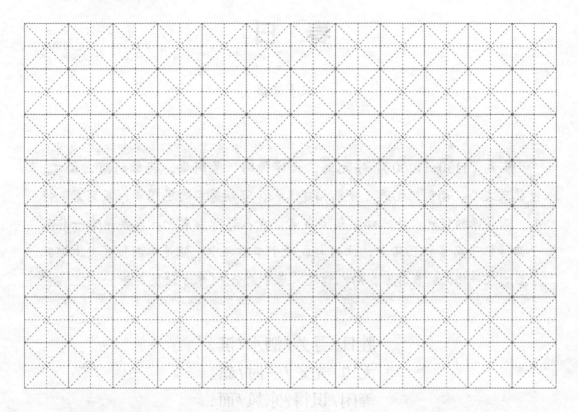

成语“河东狮吼”比喻嫉妒而泼悍的妻子发怒撒泼。这个成语也和苏轼有关。

宋元丰三年（1080），苏东坡因“乌台诗案”被贬到黄州任团练副使，遇上老友陈季常。陈季常十分好客，且喜欢“蓄纳声妓”，每有客人来，就以歌舞宴客。据说他的妻子柳氏非常凶妒，每当陈季常宴客并让歌女陪酒时，她就醋意大发，用木棍敲打墙壁。客人尴尬不已，只好散去。

陈季常喜欢谈论佛事，佛家用“狮子吼”形容佛讲法如狮子威服众兽一般，能调伏众生，苏东坡就借用“狮吼”戏喻陈季常悍妻的怒骂声，作了一首题为《寄吴德仁兼简陈季常》的诗，其中四句传说为陈季常遇悍妻的情状：“龙丘居士亦可怜，谈空说有夜不眠。忽闻河东狮子吼，拄杖落手心茫然。”

春日

〔宋〕朱熹

朱熹（1130—1200），字元晦，又字仲晦，号晦庵，晚称晦翁，谥文，世称朱文公。南剑州尤溪（今属福建）人，宋朝著名的思想家、教育家、诗人，闽学派的代表人物，儒学集大成者，世人尊称为朱子。朱熹是唯一非孔子亲传弟子而享祀孔庙者，位列大成殿十二哲之中，他是中国教育史上继孔子后的又一伟大的教育家，后人辑有《朱子大全》《朱子语类》等。

胜日/寻芳/泗水/**滨**，
无边/光景/一时/**新**。
等闲/识得/东风/面，
万紫/千红/总是/**春**。

一、诗词导读

《春日》是一首七言哲理诗。诗歌首句写诗人在“泗水”边欣赏美好春光。第二句用“无边”形容视线所及的全部风光景物，“一时新”既写出春回大地、自然景物焕然一新的景象，也写出了作者春游时耳目一新的欣喜感觉。第三句中的“等闲识得”阐述静下心来，认真辨识。句中的“识”字承首句中的“寻”字，春天的美是很容易感受的，只要一找，“无边光景”很容易看到。第四句点明春的特征是“万紫千红”、百花盛开、生机灿然的。

这首诗表面是写景，实为说理。诗中的“泗水”在今山东境内，在朱熹所在的南宋时期早已被金国统治多年，那么朱熹为何提及“泗水”呢？原来孔子曾在泗水边讲学传道，诗人用“寻芳泗水滨”暗喻追求圣人之道。“东风”喻圣人教化如东风，教化所到之处如春天般“万紫千红”，生机勃勃。全诗借特殊寓义的春日、泗水等形象化的事物，表达对圣人之道的追求，以及对圣贤教育化民成俗的希望，寓理趣于形象之中，构思可谓别具一格。

二、诗词书写

			春	日			
		〔宋〕	朱	熹			
胜	日	寻	芳	泗	水	滨	，
无	边	光	景	一	时	新	。
等	闲	识	得	东	风	面	，
万	紫	千	红	总	是	春	。

三、品画诗词

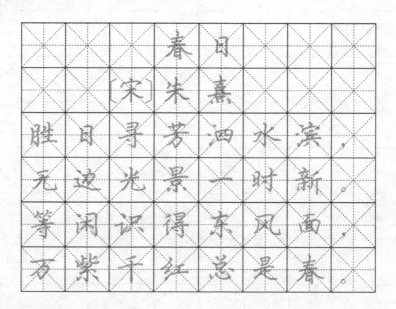

请你用画笔描画一下朱熹的《春日》一诗中万紫千红的春天。

四、诗词默写

五、知识拓展

陆九渊是南宋时有名的大学者，比朱熹小 9 岁。两人在学术问题上经常论辩。宋孝宗淳熙二年（1175），为了调和两人论辩，著名学者吕祖谦邀请朱熹和陆九龄、陆九渊兄弟在信州鹅湖寺集会，讨论的主要问题是“为学之方”，这便是中国学术史上有名的“鹅湖之会”。

后来，陆九渊来到白鹿洞书院拜访朱熹，请朱熹为其兄陆九龄撰写墓志铭，并且互相表现出了仰慕之情。朱熹不仅接受了陆九渊的请求，还邀请他为白鹿洞书院的师生讲学。陆九渊欣然同意，他讲解了《论语》中的“君子喻于义，小人喻于利”一章，听者深受感动。朱、陆在学术交往和待人处事上都具有宽豁大度的君子之风。

观书有感

〔宋〕朱熹

朱熹（1130—1200），字元晦，又字仲晦，号晦庵，晚称晦翁，谥文，世称朱文公。南剑州尤溪（今属福建）人，宋朝著名的思想家、教育家、诗人，闽学派的代表人物，儒学集大成者，世人尊称为朱子。朱熹是唯一非孔子亲传弟子而享祀孔庙者，位列大成殿十二哲之中，他是中国教育史上继孔子后的又一伟大的教育家，后人辑有《朱子大全》《朱子语类》等。

半亩/方塘/一鉴/**开**，
天光/云影/共/**徘徊**。
问渠/那得/清/如许，
为有/源头/活水/**来**。

一、诗词导读

朱熹一生勤学且重视教育。在江西做官时，他修复白鹿洞书院，亲自订立了世界教育史上最早的学规《白鹿洞书院教规》。在晚年，他把《大学章句》《中庸章句》《论语集注》《孟子集注》四书合刊成《四书章句集注》，该书成为元明清三朝钦定的教科书和科举考试的标准用书。

《观书有感》是朱熹的一首借景喻理的名诗。诗的前两句以“一鉴开”的方塘喻指人心。心如明镜，则照见各种知识、学问的“天光云影”，形象地表达了一种微妙难言的获取知识、精进学问的感受。第三句和第四句采用自问自答的设问修辞：方塘为什么能把天光云影等各种事物容纳进去？是因为水很清澈。而方塘清澈是因为它不是一塘死水，而是常有活水注入。比喻人求学过程中要虚怀若谷，既能不断接受各种新知，又能融会贯通，才能如方塘一样保持生机和活力。

二、诗词书写

观书有感

［宋］朱熹

半亩方塘一鉴开，

天光云影共徘徊。

问渠那得清如许，

为有源头活水来。

三、品画诗词

朱熹《观书有感》中的天光云影、源头活水是怎样的色彩？你来描绘一下吧。

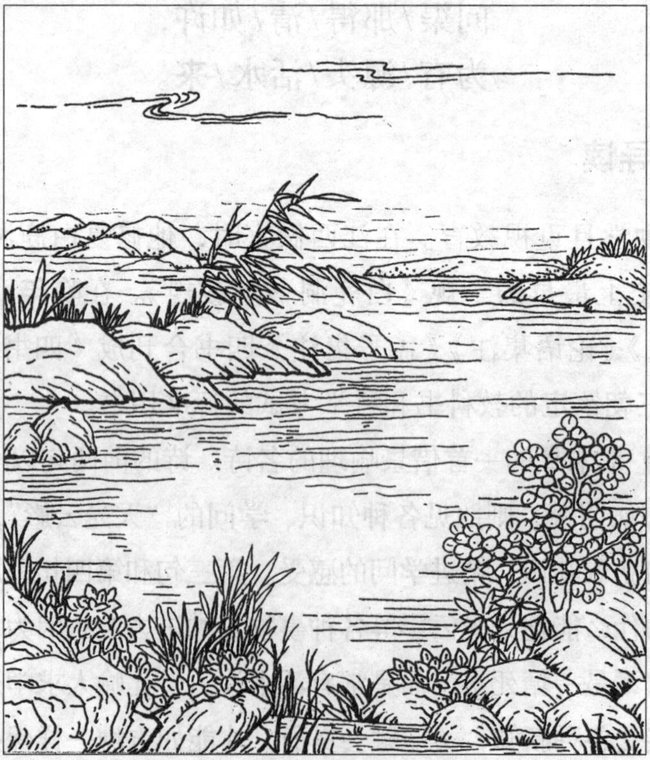

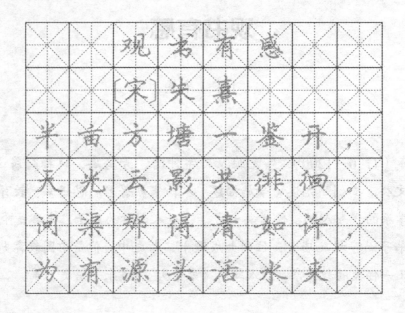

四、诗词默写

五、知识拓展

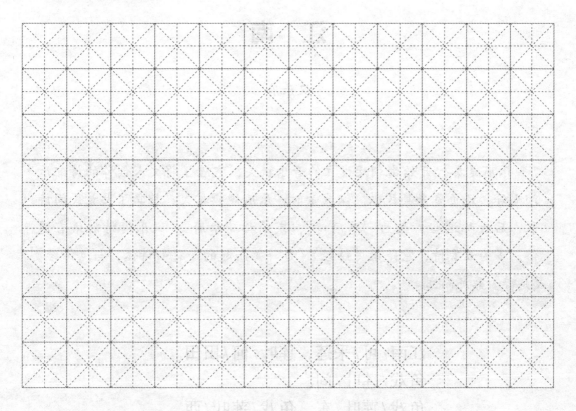

朱熹年轻时去拜见郑樵。年过五旬的郑樵对他以礼相待。席间，桌上只有一碟姜、一碟盐巴，朱熹的书童看到后，心中很不高兴。朱熹取出一部手稿，请郑樵指正。郑樵恭敬地接过，放在桌上。接着，他燃起一炷香。这时，窗外吹来一阵山风，把手稿一页一页地吹开。郑樵一动不动地站立着，等风过后，他把手稿还给了朱熹。离开草堂后，书童说："这老头子算什么贤人？他对相公太无礼了。无酒无肴，只有一碟姜一碟盐。"朱熹说："那盐不是海里才有的吗？那姜不是山里才有的吗？尽山尽海，是很隆重的礼数啊！"

书童说："相公的手稿他连看都不看……"朱熹道："你没看到吗？我送他手稿时，他特地燃起一炷香，这是很尊重我啊。风吹开手稿那阵子，他把稿子看完了。他跟我谈了不少好意见，还能把手稿里的原句背出来，令人钦佩。"

江 南

汉乐府

乐府是秦代开始由朝廷设立的音乐机关，它除了将文人创作的诗配乐演唱外，还负责采集民歌。汉武帝时，乐府规模扩大，搜集了大量民间诗歌，后世称这些诗歌为“乐府诗”，或简称“乐府”。汉乐府诗歌语言通俗，多为五言诗，它是继《诗经》《楚辞》而起的一种新诗体，与《诗经》《楚辞》鼎足而立。

江南/可/采**莲**，莲叶/何/田**田**。
鱼戏/莲叶/**间**。
鱼戏/莲叶/东，鱼戏/莲叶/西，
鱼戏/莲叶/南，鱼戏/莲叶/北。

一、诗词导读

《江南》是一首乐府诗，也是一首采莲的情歌。诗歌表面是写景，实际也是写江南古代青年男女在一起谈情说爱。诗歌首句描述“江南”的“采莲”活动，江南民风柔和，青年男女在采莲时会彼此表达爱慕之情。第二句描写采莲活动的场景，一片片的莲叶接连不断遮住了水面。诗句明写莲叶丰茂之美，暗喻采莲姑娘人数众多，姿态丰美。第三句到第七句表面写莲叶底下的水里，鱼儿在其间穿梭嬉戏，实际也是写男子围绕着心爱的姑娘表达爱慕之情。这首采莲歌既展现了采莲时的优美景色和采莲人欢乐的心情，也反映了男女青年纯真美好的爱情追求，是一首与劳动相结合的情歌。

二、诗词书写

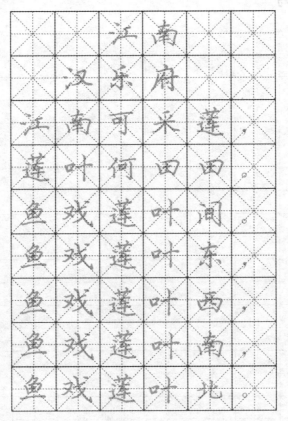

江南
汉乐府
江南可采莲，
莲叶何田田。
鱼戏莲叶间。
鱼戏莲叶东，
鱼戏莲叶西，
鱼戏莲叶南，
鱼戏莲叶北。

三、品画诗词

《江南》诗歌中的鱼戏莲，是什么样的鱼和莲花呢？拿出画笔来描绘一下吧。

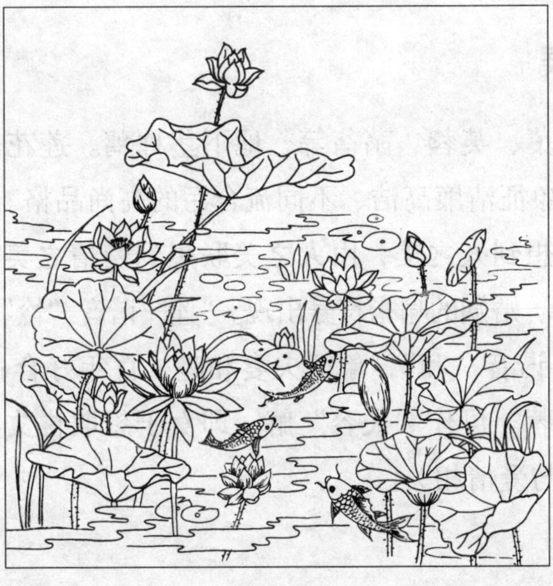

四、诗词默写

五、知识拓展

莲又名荷、芙蕖、芙蓉、菡萏等，地下茎称藕。莲花是我国十大名花之一，在我国文化中象征清廉高洁、不同流合污的高尚品格。

由莲之美可联想到人之美，由人之美联想到爱情之美，“莲”“荷”“藕”“芙蓉”常作为爱情、婚姻的喻指符号出现。“莲”谐音“怜”“连”，寓意爱情、怜爱、连理；“荷”谐音“和”，象征夫妻和睦、百年好合；“藕”谐音“偶”，象征佳偶；而“芙蓉”可作“夫容”解，即女子想取悦丈夫之意。所以，莲花在传统文化中还与爱情相关。

夏日绝句

〔宋〕李清照

李清照（1084—约 1151），号易安居士，济南（今山东济南）人，宋代女词人，婉约词派代表，有“千古第一才女”之称，后人辑有《漱玉词》。

生/当/作/人杰，
死/亦/为/鬼雄。
至今/思/项羽，
不肯/过/江东。

一、诗词导读

这首诗是一首五言怀古咏史诗。诗的前两句直抒胸臆，提出人在活着时，应当对国家、民族和社会有所贡献，做一个杰出的人物；人“死”后也应该做“鬼雄”，方不愧是顶天立地的大丈夫。谁是这样的英雄呢？诗人通过下面两句给出了答案。诗歌的后两句赞颂项羽的悲壮之举，项羽是刚烈的英雄，不肯屈服，宁可站着死，也不苟且活，因此他才“不肯过江东”。诗人借项羽的典故来讽刺南宋当权者不思进取、苟且偷生的无耻行径。

二、诗词书写

夏日绝句

〔宋〕李清照

生当作人杰，

死亦为鬼雄。

至今思项羽，

不肯过江东。

三、品画诗词

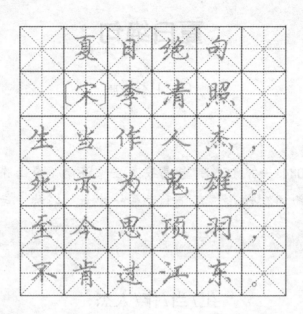

李清照《夏日绝句》中的悲剧英雄项羽是怎样的呢？你来描画一下吧。

四、诗词默写

五、知识拓展

巨鹿之战时，项羽率军渡过漳水后，下令把船全部凿沉，把做饭的器具全部毁坏，只带着三日粮草与秦军作战。在战场上，项羽的士卒都以必死之心奋勇向前，个个以一当十，杀得敌军胆战心寒，最终取得巨鹿之战的胜利。成语“破釜沉舟”便由此而来。

后来在楚汉战争时，项羽兵败垓下后，被刘邦的军队四面围定，刘邦的士兵在晚上高声唱起了楚地的歌。项军听到后都非常伤心，以为刘邦已经平定楚地，军心因此被瓦解。楚汉之争最终以项羽的失败而告终。成语“四面楚歌”便由此而来。

送元二使安西

〔唐〕王维

王维（701—761），字摩诘，号摩诘居士，河东蒲州（今山西永济）人，唐朝著名诗人、画家。唐肃宗时任尚书右丞，故世称王右丞。王维擅长五言诗，多咏山水田园，与孟浩然并称“王孟”，有“诗佛”之称。苏轼评价他：“味摩诘之诗，诗中有画；观摩诘之画，画中有诗。”现存诗400余首，代表诗作有《相思》《山居秋暝》等，有《王右丞集》。

渭城/朝雨/浥/轻尘，
客舍/青青/柳色/新。
劝君/更尽/一杯/酒，
西出/阳关/无/故人。

一、诗词导读

这是一首七言送别诗。诗歌前两句描写送别时的场景：送别的地点在渭城，此地离帝都很近；送别的时间在清晨，渭城经过一番细雨，绿柳青青，给人以清新之感。诗人在驿馆客舍外送别朋友元二。元二即将出使到阳关之外的安西，那里不仅路途遥远，而且荒无人烟，诗人只能深情地劝解老朋友再饮一杯酒，这一别，西去路上再无故人，因此倍加珍惜彼此的友情。

二、诗词书写

送元二使安西

〔唐〕王维

渭城朝雨浥轻尘，

客舍青青柳色新。

劝君更尽一杯酒，

西出阳关无故人。

三、品画诗词

送别的诗是感伤的，王维的《送元二出使安西》中的场景该是怎样色调呢？用画笔描画一下当时的氛围吧。

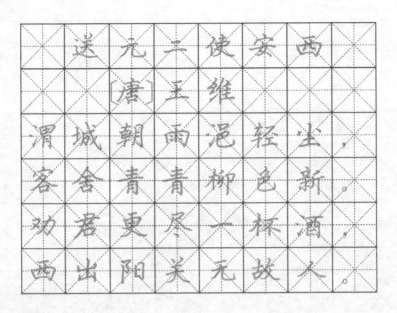

四、诗词默写

五、知识拓展

安西都护府是唐太宗时设立的边疆军事机构，自唐太宗贞观十四年（640）起，到唐宪宗元和三年（808）止，共存在约170年。其管辖今我国的新疆、哈萨克斯坦东部和东南部、吉尔吉斯斯坦全部、塔吉克斯坦东部、阿富汗大部、伊朗东北部、土库曼斯坦东半部、乌兹别克斯坦大部等地，保护了唐朝的丝绸之路，对唐朝和对外的联系起到了重要作用。

芙蓉楼送辛渐

〔唐〕王昌龄

王昌龄（？—约 756），字少伯，京兆长安（今陕西西安）人，盛唐时期著名边塞诗人。他的诗以七绝见长，被誉为“七绝圣手”。王昌龄与高适、王之涣齐名，代表作有《从军行》《出塞》《闺怨》等。明人辑有《王昌龄诗集》。

寒雨/连江/夜入/吴，
平明/送客/楚山/孤。
洛阳/亲友/如/相问，
一片/冰心/在/玉壶。

一、诗词导读

这是一首送别诗，是作者被贬为江宁（今属江苏南京）县丞时所写。诗题交代了送别的地点和对象。诗歌前两句描写送别时的凄凉场景，阴雨连绵不停，寒冷弥漫江面。在这样的早晨，诗人送别朋友，更觉凄冷。诗人用拟人手法写楚山也会孤独，以此自比，在朋友离去后，自己会更加孤独。后两句写临别叮嘱。第三句写诗人对远在洛阳的朋友表示挂念，同时想象着朋友回到洛阳后，洛阳的亲友也会提起自己。第四句承接第三句，对洛阳亲友的相问做答，表明诗人内心如玉壶中的冰一样纯洁，不会因为仕途挫折和环境凄苦而一蹶不振，反而更要坚持自己的追求，表达了诗人光明磊落、表里澄澈的品格。

二、诗词书写

芙蓉楼送辛渐

〔唐〕王昌龄

寒雨连江夜入吴，

平明送客楚山孤。

洛阳亲友如相问，

一片冰心在玉壶。

三、品画诗词

天明之际，王昌龄在芙蓉楼送老朋友辛渐，因前夜一场寒雨而场景凄凉，你想用什么样的色调来表现呢？拿出画笔画一画吧。

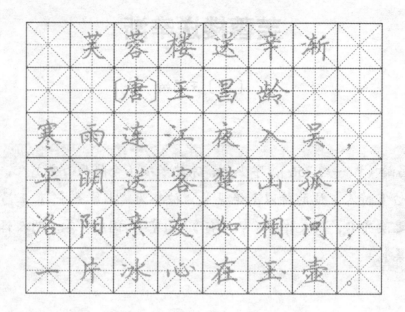

四、诗词默写

五、知识拓展

王昌龄在襄阳与孟浩然相见，孟浩然因旧病复发而死。王昌龄在离开的路上很悲伤，没想到在巴陵意外地遇见李白，当时李白正在流放夜郎的途中。他们俩一见如故，泛舟饮酒畅谈。临别，王昌龄写了一首诗《巴陵送李十二》："摇曳巴陵洲渚分，清江传语便风闻。山长不见秋城色，日暮蒹葭空水云。"李白对王昌龄也念念不忘，后来听说王昌龄被贬为龙标尉，特地写诗寄送，即《闻王昌龄左迁龙标遥有此寄》："杨花落尽子规啼，闻道龙标过五溪。我寄愁心与明月，随君直到夜郎西。"

赠汪伦

〔唐〕李白

李白（701—762），字太白，号青莲居士，贺知章称其为“谪仙人”，祖籍陇西成纪（今甘肃静宁）。李白是唐代伟大的诗人，被后人誉为“诗仙”，与杜甫并称“李杜”，代表作有《望庐山瀑布》《行路难》《蜀道难》《将进酒》《梁甫吟》《早发白帝城》等，有《李太白集》传世。

李白/乘舟/将欲/**行**，
忽闻/岸上/踏歌/**声**。
桃花/潭水/深/千尺，
不及/汪伦/送我/**情**。

一、诗词导读

《赠汪伦》是李白于泾县（今属安徽宣城）游历桃花潭时写给当地好友汪伦的一首留别诗。诗题表明此诗是赠送朋友汪伦的。首句交代诗人即将乘舟离去，似乎没人送别，很孤单。第二句从忽然传来的歌声描写汪伦对自己的情感，汪伦踏歌来送别自己，语言朴实、自然。第三句用“深千尺”赞美桃花潭水的深湛。第四句笔锋一转，用衬托的手法，把无形的情谊化为有形的千尺潭水，形象地表达了李白对汪伦真挚深厚友情的感激。

二、诗词书写

赠汪伦

〔唐〕李白

李白乘舟将欲行，

忽闻岸上踏歌声。

桃花潭水深千尺，

不及汪伦送我情。

三、品画诗词

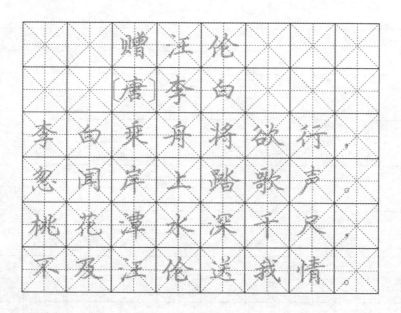

李白的诗歌《赠汪伦》里，桃花簇簇，潭水清幽，汪伦踏歌而来，诗人是怎样的呢？用你的画笔来描画一下吧。

四、诗词默写

五、知识拓展

清代袁枚《随园诗话补遗》记载：汪伦是泾川地区的豪杰之士，他听说李白要来泾川，便写了一封信给李白，说："先生好游乎？此地有十里桃花。先生好饮乎？此地有万家酒店。"李白看了信后，高兴地来到泾川。汪伦告诉李白说："'桃花'者，潭水名也，并无桃花；'万家'者，店主人姓万也，并无万家酒店。"李白听后哈哈大笑。汪伦留李白住了几天，赠送李白八匹好马、十段官锦，亲自送别李白。李白被汪伦的热情所感动，作《赠汪伦》绝句一首以赠。

送孟浩然之广陵

〔唐〕李白

李白（701—762），字太白，号青莲居士，贺知章称其为“谪仙人”，祖籍陇西成纪（今甘肃静宁）。李白是唐代伟大的诗人，被后人誉为“诗仙”，与杜甫并称“李杜”，代表作有《望庐山瀑布》《行路难》《蜀道难》《将进酒》《梁甫吟》《早发白帝城》等，有《李太白集》传世。

故人/西辞/黄鹤楼，
烟花/三月/下/扬州。
孤帆/远影/碧空/尽，
唯见/长江/天际/流。

一、诗词导读

这是一首七言送别诗。诗题表明诗人送老朋友孟浩然去广陵。首句点出送别的地点黄鹤楼，交代老朋友离开了，向西告别，顺江东去。第二句写送别的时间与去向，在“烟花三月”的春季，老朋友坐船去“扬州”。诗歌第三句和第四句写别后的场景：诗人对老朋友依依不舍，目送老友的孤帆渐渐消失，只留一江春水绵绵不断流向天边。这江水也象征诗人对老朋友的情义如江水般连绵不断，一直陪伴老友，而此地只剩下怅然若失的诗人。

二、诗词书写

送孟浩然之广陵

〔唐〕李白

故人西辞黄鹤楼，

烟花三月下扬州。

孤帆远影碧空尽，

唯见长江天际流。

三、品画诗词

烟花三月是怎样的春天？请你用画笔来描画一下李白和孟浩然告别时的春天。

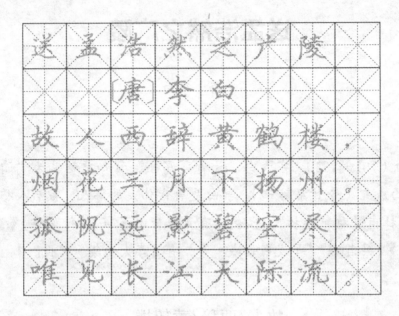

四、诗词默写

五、知识拓展

黄鹤楼位于今湖北省武汉市长江南岸的蛇山之巅，下临万里长江，自古有“天下江山第一楼”和“天下绝景”之称，是武汉市标志性建筑，与晴川阁、古琴台并称“武汉三大名胜”。

黄鹤楼始建于三国吴黄武二年（223）。当时，黄鹤楼只是瞭望守成的“军事楼”。晋灭东吴以后，黄鹤楼失去其军事价值。但随着南方经济的发展，黄鹤楼逐步成为官商行旅“游必于是”“宴必于是”的观赏楼。

唐代诗人崔颢在此题下《黄鹤楼》一诗，李白在此写下《送孟浩然之广陵》，历代文人墨客在此留下了许多千古绝唱，使得黄鹤楼自古以来闻名遐迩。

别 董 大

〔唐〕高适

高适（702？—765），字达夫，一字仲武，渤海郡（今河北景县）人，唐代诗人，曾任刑部侍郎、散骑常侍，封渤海县侯，世称高常侍。高适作为著名边塞诗人，与岑参并称“高岑”，与岑参、王昌龄、王之涣合称“边塞四诗人”。

千里/黄云/白日/曛，
北风/吹雁/雪/纷纷。
莫愁/前路/无/知己，
天下/谁人/不识/君。

一、诗词导读

这首送别诗作于747年，当时吏部尚书房琯被贬出朝，门客董庭兰是著名的琴师，也离开长安（今属陕西西安）。高适在睢阳（今属河南商丘），也很不得志，到处浪游。这年冬天，高适与董庭兰会于睢阳，写了《别董大二首》，本诗是其一。

诗题点出是为送别而作，并点明送别的对象。诗歌前两句写送别场景。首句描写黄云千里飘荡，冬天的太阳被黄云所遮挡，失去了温暖和光亮，写出了诗人所处的困境。第二句写寒风凛冽，落雪纷纷，在这样的天气下，诗人和朋友董大如同风雪中大雁似的，挣扎着各自前行。但接下来的后两句，诗人笔锋一转，抒发了豪迈之情，诗人激励老朋友不要被眼前的黄云和飞雪所困扰，你虽然离开长安，前途未卜，但你的朋友遍天下，到处都有温暖的友情。离别场景虽悲壮，但诗人以开阔的胸襟、豪迈的情怀把临别赠言说得慷慨激昂、鼓舞人心。

二、诗词书写

别董大

〔唐〕高适

千里黄云白日曛，

北风吹雁雪纷纷。

莫愁前路无知己，

天下谁人不识君。

三、品画诗词

“北风吹雁雪纷纷”是怎样的季节呢？请你用画笔描画一下吧。

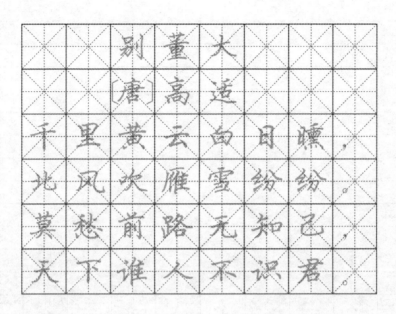

四、诗词默写

五、知识拓展

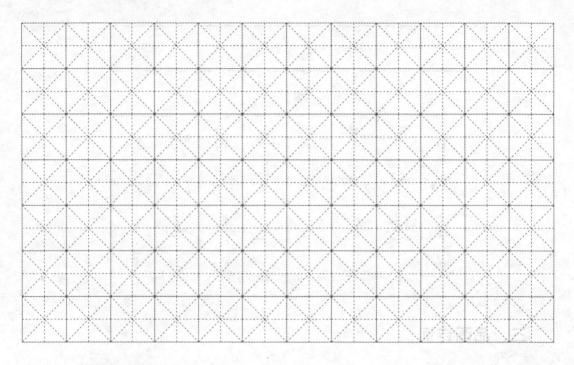

诗人王昌龄、高适、王之涣齐名，彼此常交游来往。有一天，三位诗人一起到酒楼小饮，恰有梨园子弟登楼聚会。王昌龄说："我们三人都是名家，这些歌女们唱歌，谁的诗编入歌词多，谁就最优秀。"

一位歌女首先唱道："寒雨连江夜入吴……"王昌龄就用手指在墙壁上画一道线："我的一首。"随后一歌女唱道："开箧泪沾臆，见君前日书……"高适伸手在墙壁上画一道线："我的一首。"又一歌女出场："奉帚平明金殿开……"王昌龄又在墙壁上画一道线，说道："两首了。"

王之涣感觉很没面子，就指着歌女中最漂亮的那位对王、高说："如果她唱的不是我的诗，我就输于两位。"

一会儿，那个梳着双髻的最漂亮的姑娘开始唱了，她唱道："黄河远上白云间……"三位诗人开怀大笑。

这就是后来广为流传的"旗亭画壁"的故事，表现出盛唐诗人放达争衡、知己相契的精神风貌。

赋得古原草送别

〔唐〕白居易

白居易（772—846），字乐天，号香山居士、醉吟先生，先世为太原（今山西太原）人，后迁居下邽（今陕西渭南）。唐代伟大的现实主义诗人。白居易与元稹共同倡导新乐府运动，世称“元白”，又与刘禹锡并称“刘白”。白居易的诗歌题材广泛，形式多样，语言平易通俗，有“诗魔”和“诗王”之称。代表诗作有《长恨歌》《卖炭翁》《琵琶行》等，有《白氏长庆集》传世。

离离/原上/草，一岁/一/枯荣。
野火/烧/不尽，春风/吹/又生。
远芳/侵/古道，晴翠/接/荒城。
又送/王孙/去，萋萋/满/别情。

一、诗词导读

《赋得古原草送别》是白居易的成名作。此诗是唐贞元三年（787）应考的习作，是按科场限定的诗题创作的，因此题目前须加“赋得”二字。

诗歌首联首句即破题面“古原草”三字，诗人用“离离”描写出原上草的茂盛之状。第二句写野草是一年生植物，春荣秋枯，岁岁循环不已；同时草的“一岁一枯荣”，暗含与友人的这次分别只是暂时的，彼此还会再见面的。颔联承接上联，草有枯荣的岁月轮回，但生命力是顽强的，即使遭受野火摧残，到了春天，它还会生长出来，蔓延原野。颈联用“远芳”和“晴翠”代指草，同时也从嗅觉、视觉这两个角度写出草充满生机的生命状态；用

“侵”“接”两个字写出草的蔓延扩展之势，突出野草的生命力和扩张力；用“古道”和“荒城”突出草的自然野性。这里诗人借写野草的生命力顽强、绵延广大，来抒写自己和友人的情感像野草一样绵绵不断，不会磨灭，这种情感随着诗人一起，陪伴友人到远方。尾联扣题，再一次点题“送别”，芳草萋萋绵远，喻情义绵远悠长。此诗通过对古原上野草的描绘，抒发送别友人时的依依惜别之情。

二、诗词书写

赋得古原草送别

〔唐〕白居易

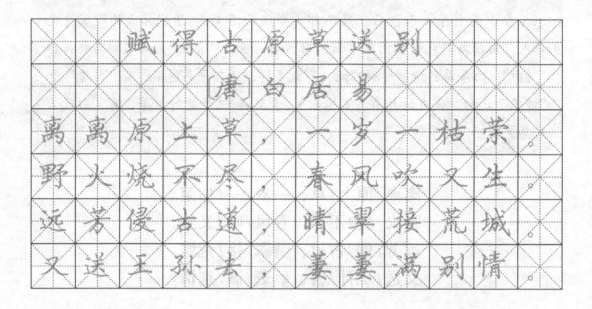

离离原上草，一岁一枯荣。
野火烧不尽，春风吹又生。
远芳侵古道，晴翠接荒城。
又送王孙去，萋萋满别情。

三、品画诗词

白居易诗歌《赋得古原草送别》中的草生命力顽强，远处的草和近处的草是怎样的颜色呢，你想给它们赋予怎样的色彩呢？请你描画出来吧。

四、诗词默写

五、知识拓展

白居易初次参加科举考试，还不是很有名气，他写了一首诗去拜见当时大诗人顾况。顾况看到白居易的名字，调侃说：“长安城各种物品都很贵，在这里生活居住不易。”当顾况读了《赋得古原草送别》的诗句“野火烧不尽，春风吹又生”后，他又感叹说：“有这样好的诗句，居天下有啥难的！我前面的话是玩笑话。”

晓出净慈寺送林子方

〔宋〕杨万里

杨万里（1127—1206），字廷秀，号诚斋，吉州吉水（今属江西）人，南宋著名文学家、爱国诗人，与陆游、尤袤、范成大并称“南宋四大家”（又称“中兴四大诗人”）。宋光宗曾为其亲书“诚斋”二字，故学者称其为“诚斋先生”。有《诚斋集》等。

毕竟/西湖/六月/**中**，
风光/不与/四时/**同**。
接天/莲叶/无穷/碧，
映日/荷花/别样/**红**。

一、诗词导读

这是一首送别写景诗。诗题点明送别，离开净慈寺送别林子方。诗歌首句即抒发诗人的情感，赞叹六月西湖美不胜收。第二句紧承第一句，用对比手法评论六月西湖与其他时节的西湖完全不同，盛夏的西湖是最美的。这两句诗先是评述，写六月西湖给诗人带来的总体感受，赞叹的语气似脱口而出，让人不禁想了解一下西湖之美到底美到什么程度，给人无限遐想。诗歌第三句从远观的角度写西湖的荷，荷叶碧绿，放眼无边，与蓝天融合在一起，塑造了“无穷”的艺术空间，涂染出无边无际的碧色。第四句采取特写，在一片蓝天碧荷的背景下，阳光普照，荷花更显娇艳明丽。诗人用强烈的色彩对比和点面结合的手法描绘西湖六月荷景，充满热烈的阳刚之气，抒发了诗人积极向上的情怀，曲折地表达了对友人深情的眷恋。

二、诗词书写

晓出净慈寺送林子方

〔宋〕杨万里

毕竟西湖六月中，

风光不与四时同。

接天莲叶无穷碧，

映日荷花别样红。

三、品画诗词

“接天莲叶无穷碧，映日荷花别样红。”夏日里，西湖中接天的莲叶和映日的荷花被大自然赋予了怎样的“碧”和“红”呢？画一下它们的颜色吧。

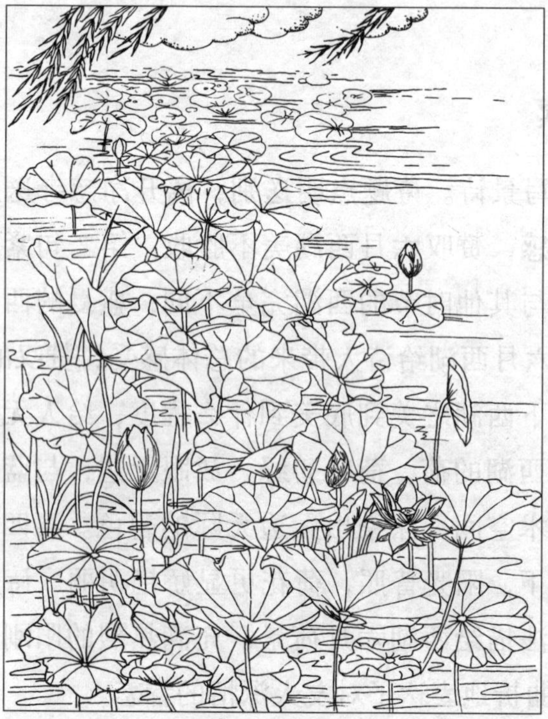

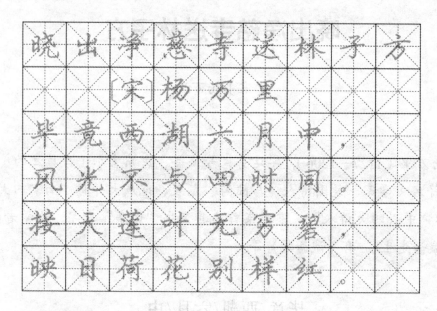

四、诗词默写

五、知识拓展

杭州在五代十国时期是吴越国的都城。吴越国历代国王崇信佛教，在西湖周围兴建大量寺庙、宝塔，扩建灵隐寺，创建昭庆寺、净慈寺、理安寺、六通寺和韬光庵等，建造保俶塔、六和塔、雷峰塔和白塔，在当时，杭州有“佛国”之称。

2011 年 6 月，第 35 届世界遗产大会上，“杭州西湖文化景观”正式列入《世界文化遗产名录》。包括“西湖十景”以及保俶塔、雷峰塔遗址、六和塔、净慈寺、灵隐寺、飞来峰造像、岳飞墓/庙、文澜阁、抱朴道院、钱塘门遗址、清行宫遗址、舞鹤赋刻石、林逋墓、西泠印社、龙井等其他文化遗迹都在这个景观范围之内。

凉州词

〔唐〕王之涣

王之涣（688—742），字季凌，并州晋阳（今山西太原）人。王之涣豪放不羁，常击剑悲歌，其诗多被当时乐工制曲歌唱，他还常与高适、王昌龄等相唱和。他的诗歌以善于描写边塞风光著称，著名作品有《登鹳雀楼》《凉州词》和《送别》。

黄河/远上/白云/**间**，
一片/孤城/万仞/**山**。
羌笛/何须/怨/杨柳，
春风/不度/玉门**关**。

一、诗词导读

《凉州词》，又称《凉州曲》《出塞》，是凉州歌的唱词，不是诗题，是盛唐时流行的一种曲调名。王之涣所作的这首《凉州词》前两句远观写景，首句横向写景，采取白描的手法，写出天地之间的黄河如大地上的一线，流入天际云间，描绘出一幅广阔的场景。第二句是纵向写景，采取点和面的映衬对比手法，万仞高山下，一片孤城显得那样渺小和寂寥。第三句由视觉转而写听觉，在浩渺天地间显得寂寥渺小的孤城里羌笛吹着哀怨悲凉的《折杨柳》，触动多少人的离愁别恨，勾起多少人的思乡情绪。第四句写诗人的感慨，士卒戍守边关，谁能关心他们的哀怨呢？这里没有春风，得不到关怀，没有人能理解他们的思乡之情。王之涣这首诗从远眺黄河、近闻羌笛的独特视听感受出发，既展示出边塞壮阔荒凉的景象，又将戍边士卒的怀乡之情，写得苍凉慷慨。

二、诗词书写

凉州词

〔唐〕王之涣

黄河远上白云间，

一片孤城万仞山。

羌笛何须怨杨柳，

春风不度玉门关。

三、品画诗词

黄河、白云、孤城、万仞山，古凉州是怎样的苍凉古朴？拿出你的画笔，描画一下吧。

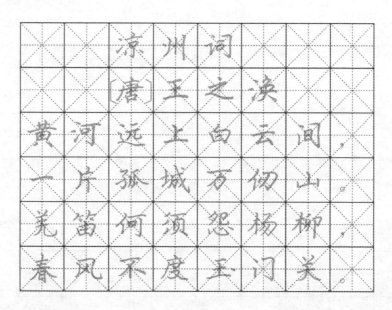

四、诗词默写

五、知识拓展

玉门关是汉武帝时期设置的关卡，因西域输入玉石取道于此而得名。西汉时玉门关是汉朝通往西域各地的门户，是军事关隘和丝路交通要道。

班超在西域因军功被封为定远侯，他在西域三十多年，年纪大了，想回到家乡，便写信给汉和帝，说："我听说，姜太公虽被封齐侯，但辅佐周王朝五代君主，死后埋葬在周；狐狸将死时，头必朝向出生的山丘；北方所产的马总是怀恋北边吹来的风。"由此，玉门关也成为边塞将士眷恋故土、渴望落叶归根的代名词。

凉 州 词

〔唐〕王翰

王翰（生卒年不详），字子羽，晋阳（今山西太原）人，《全唐诗》存其诗 14 首，代表作有《凉州词》（两首）、《饮马长城窟行》等。

葡萄/美酒/夜光杯，
欲饮/琵琶/马上/催。
醉卧/沙场/君/莫笑，
古来/征战/几人/回。

一、诗词导读

唐人七绝多是乐府歌词，《凉州词》即是其中之一。诗歌首句“葡萄美酒夜光杯”，描写边关将士开怀畅饮的场景，将士们饮的是葡萄酿造的美酒，用的是名贵的夜光杯，听的是西域琵琶的弹奏，场面似乎极为奢华。但第二句却以“欲饮”进行了转折，由眼前的宴饮转写战事的开始，刚刚想在琵琶声中欢饮，那边却又“催”着上马应敌。第三句评述边疆将士的心态，在疆场本应该时刻保持警惕，现在却纵酒欢歌，让人诧异。第四句承接第三句，解释原因所在：边疆将士深知战争的残酷，战事不断，不知道下一次是否能够生还，所以在暂时的休战中豪饮欢歌。这一句也对前两句进行了解释：战事结束后，将士畅饮忘怀，既是缓解战事的紧张，也是对战争的无奈和厌倦。全诗通过华筵畅饮、醉卧沙场的场面，展现出边塞将士在荒寒艰苦的环境下，在不知何时便会因突发战争而战死沙场的紧张氛围中，仍将生死置之度外的旷达奔放的豪情。

二、诗词书写

凉州词

〔唐〕王翰

葡萄美酒夜光杯，

欲饮琵琶马上催。

醉卧沙场君莫笑，

古来征战几人回。

三、品画诗词

边疆古战场是怎样的，将士们的生活是怎样的呢？你想用怎样的色彩描画唐代的凉州军营生活？拿起笔，画起来吧。

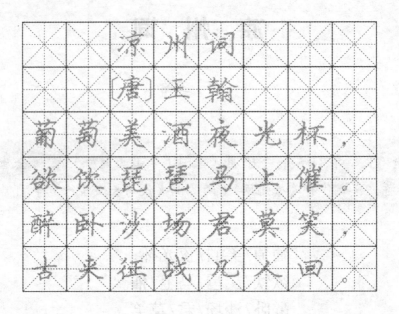

四、诗词默写

五、知识拓展

夜光杯是一种用玉雕琢成的名贵饮酒器具。当把美酒置于杯中，放在月光下，杯子就会闪闪发亮，夜光杯由此而得名。

酒泉位于今甘肃省西北部河西走廊西端，是连接西域的重要通道，所出产的“夜光杯”历史悠久。早在周穆王时，西域就曾向周王朝献“夜光常满杯”。

出 塞

〔唐〕王昌龄

王昌龄（？—约 756），字少伯，京兆长安（今陕西西安）人，盛唐时期著名边塞诗人。他的诗以七绝见长，被誉为“七绝圣手”。王昌龄与高适、王之涣齐名，代表作有《从军行》《出塞》《闺怨》等。明人辑有《王昌龄诗集》。

秦时/明月/汉时/关，
万里/长征/人/未还。
但使/龙城/飞将/在，
不教/胡马/度/阴山。

一、诗词导读

《出塞》是乐府旧题，本诗是王昌龄早年赴西域时所作。诗人从写景入手，首句采用互文的修辞手法，“秦”与“汉”“关”与“月”四字交错使用，让人回想起秦汉时的明月和边关，勾勒出一幅冷月照边关的苍凉历史画面，同时点出自秦汉以来这里的战事很少间断，突出了时间的久远。第二句写战争给人民带来的苦难，“万里”指边关远在万里，“人未还”表明将士被迫远离家乡，戍守边关，生死未知。第三句和第四句阐明诗人的理想，怎样才能免于战事，使家国平安呢？诗人寄希望于像卫青、李广这样有才能的将军出现。“龙城飞将”，指汉代击溃匈奴入侵的卫青和李广，卫青曾带兵攻打匈奴人祭祀天地之所龙城，李广被匈奴人称为“飞将军”。如果唐王朝有这样的将军镇守边关，就不会让胡人的骑兵越过阴山。这首诗既写出频繁的战争给人民和国家带来痛苦，也表达了诗人希望能有良将打败敌人，使国家和人民免于战乱。

二、诗词书写

出塞

〔唐〕王昌龄

秦时明月汉时关，

万里长征人未还。

但使龙城飞将在，

不教胡马度阴山。

三、品画诗词

明月下的边关是怎样的？画出你笔下的边关将士和他们的生活环境吧。

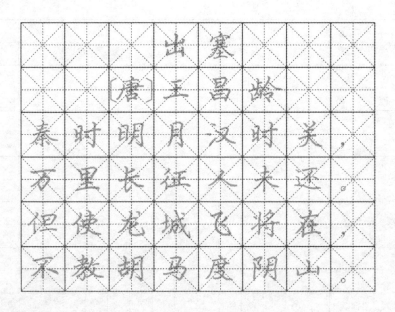

四、诗词默写

五、知识拓展

唐王朝建立以来，发生过不同规模的边疆战争。唐高宗时，唐朝和吐蕃之间的矛盾逐渐加深，唐朝西北边境还有吐谷浑和北突厥两大威胁，对于唐朝的威胁更大。唐玄宗时，突厥人经常与契丹、吐蕃及西域各国联合骚扰唐朝边境。唐玄宗数次组织军队北伐突厥，终于在开元四年（716）根除了为害唐北疆安全数十年之久的大患。开元十五年（727），唐王朝举国征讨吐蕃，解除吐蕃的威胁。

塞 下 曲

〔唐〕卢纶

卢纶（？—798），字允言，河中蒲州（今山西永济）人，大历十才子之一，有《卢户部诗集》。

月黑/雁飞/高，
单于/夜/遁逃。
欲将/轻骑/逐，
大雪/满/弓刀。

一、诗词导读

《塞下曲》为汉乐府旧题，内容多写边塞征战。这首诗由写景开始，首句描述了战事激烈，直到夜里，战争仍在进行，两军仍在厮杀，路过此地的雁群不敢停留，在夜色中高飞而去。此句也暗喻第二句中的单于也是在这样的黑夜中，像惊恐的雁群一样逃离战场，侧面写唐军取得胜利。诗歌前两句总体描写战事中的敌方。第三句承接上两句，写唐军的军事行动。唐军想乘胜用轻骑追击单于，“轻骑”一词写出唐军的迅疾。第四句描写天气对战事的影响，边关大雪纷纷，将士的兵器上都落满雪，侧面描写出在艰苦环境里，唐朝军队取得胜利，充满自信。这首诗非同凡响，诗歌首尾写景，中间叙事，写景为叙事做铺垫，渲染氛围，引人联想。

二、诗词书写

塞下曲

〔唐〕卢纶

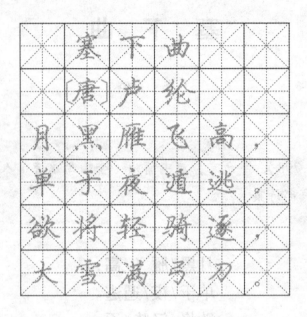

月黑雁飞高，
单于夜遁逃。
欲将轻骑逐，
大雪满弓刀。

三、品画诗词

月夜下，大雪纷纷，战马飞奔，这样的场景，它的色调要怎么描画呢？用你的画笔告诉大家吧。

四、诗词默写

五、知识拓展

单于，匈奴君主的称号，是匈奴人对他们部落联盟首领的专称，意思是“广大”。《史记》记载单于这一称号是从匈奴最著名的冒顿单于之父头曼单于开始的。这个称号一直沿袭至匈奴灭亡。东汉末年，乌丸和鲜卑的部落首领也开始使用单于这个称号。两晋十六国时期，各少数民族首领都称单于。

《史记》记载，匈奴人的祖先是夏后氏的苗裔，叫淳维。从战国到两晋南北朝，匈奴有一千余年的历史记载。冒顿单于时期第一次实现了长城以北游牧区的统一，为我国形成统一的多民族国家发挥了重要的作用。

回乡偶书

〔唐〕贺知章

贺知章（约659—约744），字季真，晚年自号四明狂客，越州永兴（今浙江萧山）人，唐代诗人。贺知章与张若虚、张旭、包融并称“吴中四士”，《全唐诗》录其诗19首。

少小/离家/老大/**回**，
乡音/无改/鬓毛/**衰**。
儿童/相见/不/相识，
笑问/客从/何处/**来**。

一、诗词导读

这是一首久客异乡而终回故里的感怀诗。诗题点明是回乡所见所闻。首句用“少小离家”与“老大回”进行时间上的纵向自比：当年离家，风华正茂；今日返归，已经年迈，概括写出诗人数十年久客他乡的事实，也蕴含诗人对岁月沧桑、人生流逝、离乡太久的感叹。诗歌第二句以“鬓毛衰”承接上句，具体写出自己的“老大”之态，以不变的“乡音”映衬变化的“鬓毛”，虽然年纪和体貌改变，但乡音未变，故乡对自己而言是亲切的。第三句从他人视角写自己归乡状态，从孩童见到诗人这位本是同乡人的“不相识”，从而引出第四句“主”对“客”的“笑问”。“主”的情态是“笑问”，表明孩童的温情和友善。在这种亲切的氛围中，诗人略有伤感，因为现在的儿童已不认识“我”这个“老大回”的乡里人了。

贺知章在唐玄宗天宝三年（744）辞去官职，返回故乡越州，时已八十六岁，此时距他离开家乡已有五十多个年头了。人生易老，世事沧桑，他心头有无限感慨，于是写下了这首诗。

二、诗词书写

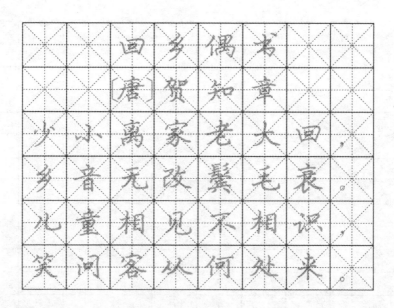

		回	乡	偶	书		
		〔唐〕	贺	知	章		
少	小	离	家	老	大	回	，
乡	音	无	改	鬓	毛	衰	。
儿	童	相	见	不	相	识	，
笑	问	客	从	何	处	来	。

三、品画诗词

回乡的老爷爷和孩童会穿什么颜色的衣服呢？画出你心中的唐代服色吧。

四、诗词默写

五、知识拓展

中国人自古以来有安土重迁的观念，一旦离开故土，就会产生思乡之情，进而思念亲人、爱人。这种思想产生的深层原因是受经济与文化的影响。在经济上，中国自古以来是农耕经济占主导地位，农耕经济的主要特点是稳定，一块土地可以无限地轮番耕种，中国人可以世代生活在一个地方，对家乡的感情也极其深厚，以至于死了也要落叶归根；在文化上，中国正统的儒家思想强调“父母在，不远游，游必有方”，强调“百善孝为先”……这一系列的思想加深了中国人对故乡的思念之情。

九月九日忆山东兄弟

〔唐〕王维

王维（701—761），字摩诘，号摩诘居士，河东蒲州（今山西永济）人，唐朝著名诗人、画家。唐肃宗时任尚书右丞，故世称王右丞。王维擅长五言诗，多咏山水田园，与孟浩然并称“王孟”，有“诗佛”之称。苏轼评价他：“味摩诘之诗，诗中有画；观摩诘之画，画中有诗。”现存诗400余首，代表诗作有《相思》《山居秋暝》等，有《王右丞集》。

独在/异乡/为/异客，
每逢/佳节/倍/思亲。
遥知/兄弟/登高/处，
遍插/茱萸/少/一人。

一、诗词导读

此诗原注“时年十七”，说明这是王维十七岁时的作品。王维当时独自一人漂泊在长安，他是蒲州（今属山西永济）人，蒲州在华山东面，所以称故乡的兄弟为山东兄弟。这首诗从诗题看是重阳节所作。诗歌前两句描写诗人自己的生活状况，独自一人客居他乡，举目无亲；如今正逢重阳佳节，帝都的节日气氛繁华热闹，而自己作为游子，在这亲人相聚的日子，更加想念亲人。在后两句中，诗人展开联想，想着自己往昔与兄弟们在这一天穿着节日盛装，鬓插茱萸登高的情景，而这次重阳佳节，兄弟们同样相聚却发现独少了“一人”，由此写山东兄弟对自己的思念之情；同时，诗人自己也因独在异乡，不能参与其间而尤为思念。

二、诗词书写

九月九日忆山东兄弟

〔唐〕王维

独在异乡为异客，

每逢佳节倍思亲。

遥知兄弟登高处，

遍插茱萸少一人。

三、品画诗词

重阳佳节，诗人身处异乡，登高思念亲人，情绪难免低落，我们用画笔给他的生活赋予节日的颜色吧。

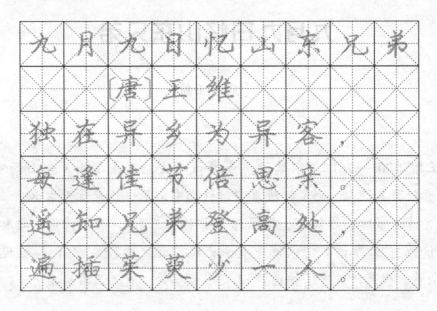

四、诗词默写

五、知识拓展

重阳节在每年的农历九月初九日，是中华民族的传统节日。《周易》中把“九”定为阳数之极，九月九日，两九相重，故曰“重阳”，又称“重九”。重阳节始于远古，成型于春秋战国时期，据《吕氏春秋·季秋纪》记载，古人于九月农作物秋收之时有祭天帝、祭祖的活动。古人认为九九重阳是吉祥的日子，人们在重阳节这天登高祈福、秋游赏菊、佩插茱萸、祭神祭祖、饮宴求寿、敬老崇孝等。重阳节在唐代被正式定为民间的节日，此后历朝历代沿袭至今。登高赏秋与感恩敬老是今天重阳节日活动的两大主题。

静 夜 思

〔唐〕李白

李白（701—762），字太白，号青莲居士，贺知章称其为“谪仙人”，祖籍陇西成纪（今甘肃静宁）。李白是唐代伟大的诗人，被后人誉为“诗仙”，与杜甫并称“李杜”，代表作有《望庐山瀑布》《行路难》《蜀道难》《将进酒》《梁甫吟》《早发白帝城》等，有《李太白集》传世。

床前/明月/光，
疑是/地上/霜。
举头/望/明月，
低头/思/故乡。

一、诗词导读

《静夜思》是一首五言绝句，创作于唐玄宗开元十四年（726）九月十五日的扬州旅舍，时李白二十六岁。在秋季的夜晚，客居他乡的李白离家数年，自然而然地想到了家乡。诗的前两句写诗人在特定环境中客居他乡的感受。在夜深人静的时候，月明当空，月光照在井栏上，背井离乡的李白看到月光的皎洁，感到秋的寒意，衬托出诗人飘泊他乡的孤寂凄凉之情。诗歌后两句写诗人仰望圆月，想到自已离开家乡，离开亲人，而今周遭寒意如霜，触发了他对温暖故乡的怀念，思乡之情油然而生。

二、诗词书写

静夜思

〔唐〕李白

床前明月光，

疑是地上霜。

举头望明月，

低头思故乡。

三、品画诗词

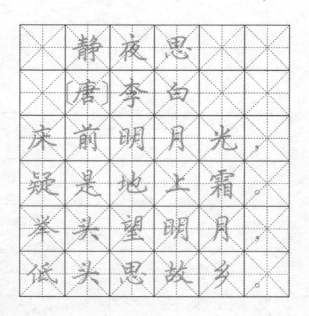

月圆之夜，思乡之时，异乡的李白是怎样的呢？你来画一画吧。

四、诗词默写

五、知识拓展

《静夜思》诗中的“床”字一直是人们争论的焦点。人们对它大致有五种解释：

一是取本义，即坐卧的器具。

二是“窗”的通假字。从意义上讲，“床”可能与“窗”通假，窗前可以看到月光。

三是指井台。

四是指井栏。考古发现中国最早的水井是木结构的。古代井栏有数米高，成方框形围住井口，防止人跌入井内，这方框形既像四堵墙，又像古代的床。因此古人又将井栏叫作银床。本书取的是这种解释。

五是胡床。古时一种可以折叠的轻便坐具，功能类似小板凳。

枫桥夜泊

〔唐〕张继

张继，字懿孙，生卒及生平事迹不详，南阳（今属河南）人，一说襄州（今湖北襄阳）人，唐代诗人。流传下来的诗歌不到50首，最著名的诗是《枫桥夜泊》。

月落/乌啼/霜/满天，
江枫/渔火/对愁/眠。
姑苏城/外/寒山寺，
夜半/钟声/到/客船。

一、诗词导读

这首七言绝句是大历诗歌中非常著名的诗作。诗题点明诗人乘船漂泊异乡，停泊驻靠于枫桥。诗歌首句描写诗人漂泊异乡的环境，月已落下，周遭一片漆黑，乌鸦作为不吉祥的鸟在寒霜的秋天啼叫，渲染了凄冷无助、没有明确人生方向的气氛。第二句写诗人在这样的夜晚难以入眠，这种难眠是通过江枫和渔火来传达的，岸上枫树孤立，江上的渔火闪烁微明，在诗人看来江枫和渔火在这秋夜如同自己一样，也带有哀愁。第三句进一步点明诗人停舟泊靠的地点——姑苏城外的寒山寺，这一句为第四句做铺垫。第四句描述诗人彻夜难眠，在异乡的客船上，孤寂凄冷，思乡心切，此时寒山寺夜半的钟声敲响了，这钟声响彻在诗人的心头：天明后的行程去向哪里？钟声警醒着诗人在迷茫中思考前行之路。

二、诗词书写

枫桥夜泊

〔唐〕张继

月落乌啼霜满天，

江枫渔火对愁眠。

姑苏城外寒山寺，

夜半钟声到客船。

三、品画诗词

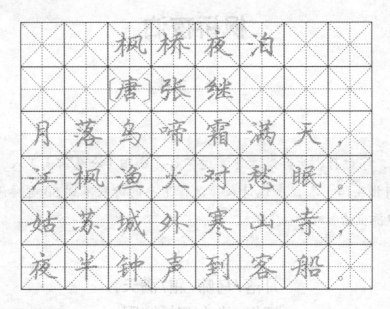

月落乌啼、江枫渔火、孤舟夜半，诗人异乡漂泊，是怎样的凄凉？画出你所感受到的枫桥。

四、诗词默写

五、知识拓展

寒山寺位于今苏州市姑苏区，始建于南朝梁天监年间（502—519），初名“妙利普明塔院”。唐太宗贞观（627—649）初年，著名僧人寒山和拾得在此修行。唐玄宗时，著名禅师希迁题寺庙匾额为“寒山寺”。

寒山寺以寒山和拾得两位高僧的对答而闻名，流传较广的是：“寒山问拾得：‘世间有谤我，欺我，辱我，笑我，轻我，贱我，恶我，骗我，如何处治乎？’拾得曰：‘只是忍他，让他，由他，避他，敬他，不要理他，过十年后，你且看他。’”

自唐代诗人张继创作《枫桥夜泊》一诗后，寒山寺更闻名于天下，尤其是寒山寺的钟声。寒山寺在除夕之夜要敲钟 108 下，表示一年的终结，有除旧迎新之意。

游　子　吟

〔唐〕孟郊

孟郊（751—814），字东野，湖州武康（今浙江德清）人，唐代著名诗人，有《孟东野诗集》。孟郊的诗作内容与贾岛相似，多写世态炎凉、民间苦难，有凄苦情味，苏轼在《祭柳子玉文》中评述两人诗歌风格为“郊寒岛瘦”。元好问在《论诗三十首》中评价孟郊“东野穷愁死不休，高天厚地一诗囚”，因此孟郊又有“诗囚”之称。

慈母/手中/线，游子/身上/**衣**。
临行/密密/缝，意恐/迟迟/**归**。
谁言/寸草/心，报得/三春/**晖**。

一、诗词导读

《游子吟》是孟郊创作的一首五言古体诗，是一首母爱的颂歌。在诗歌的前两句中“慈母”与“游子”相对出现，用“手中线”与“身上衣”把“慈母”对“游子”的爱表现出来。中间两句细致地写慈母的动作和内心，慈母手上是千针万线“密密缝”，而内心在担忧游子回来得晚。在游子还没出发时，就已盼游子早日回来，体现了慈母对游子的深爱，真切感人。诗歌最后两句采用比兴手法抒发对母爱的赞颂，儿女像小草一样，母爱如春天的阳光，儿女怎能报答母爱于万一呢？

《游子吟》写于溧阳（今属江苏溧阳）。此诗题下孟郊自注：“迎母溧上作。”孟郊早年漂泊无依，一生贫困潦倒，直到五十岁时才得到了一个溧阳县尉的职位，结束了长年漂泊流离的生活，便将母亲接来住。诗人仕途失意，饱尝了世态炎凉，此时愈觉亲情之可贵，于是写出这首发自肺腑的感人至深的颂母之诗。

二、诗词书写

游子吟

〔唐〕孟郊

慈母手中线，游子身上衣。

临行密密缝，意恐迟迟归。

谁言寸草心，报得三春晖。

三、品画诗词

慈母为游子缝补衣衫，会是怎样的形象呢？为你心中的慈母画上一些色彩吧。

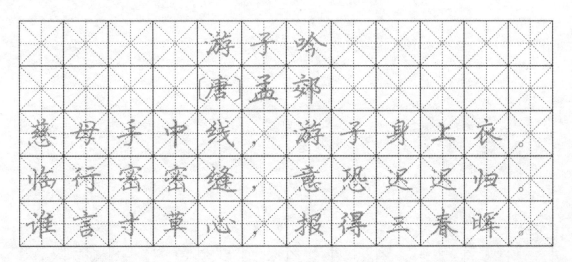

四、诗词默写

五、知识拓展

在中国古代，远游的读书人被称为“游士”，很多名人都有“游学”的经历。所谓“读万卷书，行万里路”是古代学子远游的目的。孔子开创中国游学风气之先。据《史记·孔子世家》记载，孔子周游各诸侯国长达 14 年之久，一生遍及卫、陈、鲁、宋、郑、蔡、楚等国，许多地方都有孔子遗迹。其后，先秦时期的墨子、孙子、孟子、荀子、韩非子等都是著名的“游士”。《史记·春申君列传》称：“游学博闻，盖谓其因游学所以能博闻也。”汉魏时，读书人游学之风更为盛行。

泊船瓜洲

〔宋〕王安石

王安石（1021—1086），字介甫，号半山，临川（今属江西）人，北宋著名思想家、政治家、文学家、改革家，世称王文公。他的诗风格含蓄深沉、深婉不迫，世称“王荆公体”，有《王临川集》存世。

京口/瓜洲/一水/间，
钟山/只隔/数重/山。
春风/又绿/江南岸，
明月/何时/照我还。

一、诗词导读

《泊船瓜洲》作于神宗熙宁元年（1068），作者自江宁（今江苏南京）赴京（今河南开封）途经瓜洲时所作。诗以“泊船瓜洲”为题，点明诗人诗作之所在。诗歌首句写诗人站在长江北岸的瓜洲渡口南望京口，京口与自己所在的瓜洲只隔一条江水的距离，而自己却要远离。第二句再次强调自己难舍江宁，江宁的钟山是自己的居住地，距离瓜洲只隔几座山，说明自己离开得还不远。第三句点出时令已是春天，但诗人无心观赏春景，只是一个“又”字强调这里的春天如往昔一样美好。春风已然回到江南，而自己却离开江南北上，表达出对江南的难舍之情。第四句直接提出疑问：什么时候在明月照耀下，再回到江南呢？表达了诗人的怀念之情。

二、诗词书写

泊船瓜洲

〔宋〕王安石

京口瓜洲一水间，
钟山只隔数重山。
春风又绿江南岸，
明月何时照我还。

三、品画诗词

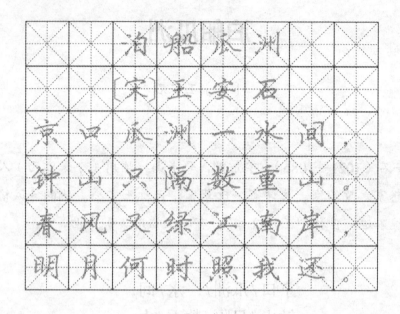

王安石在船上看到的月下的江南春色，会是怎样的绿呢？你来体会一下他眼中的绿，并描画出来吧。

四、诗词默写

五、知识拓展

王安石的《泊船瓜洲》诗的第三句最初写的是“春风又到江南岸”，后来圈去了“到”字，批注说“不好”，改为“过”字；又圈去“过”字而改为“入”字；后来又改为“满”字。更改多次后，最后才确定用“绿”字。

悯农（其一）

〔唐〕李绅

李绅（772—846），字公垂，亳州谯县（今属安徽）人，唐朝宰相、诗人，诗歌代表作《悯农》，《全唐诗》存其诗四卷。

春种/一粒/粟，
秋收/万颗/子。
四海/无/闲田，
农夫/犹/饿死。

一、诗词导读

诗歌首句以“春”开头，以“种一粒粟”陈述农民的劳动。每年春天，农民都要辛苦耕种。这种耕种不是简单的耕种，是一粒一粒地耕种，而后要有“锄禾日当午，汗滴禾下土”的辛劳。种田的事情看似简单，实则是长时间的劳作。第二句以“秋”起，与第一句“春”相对，春天种下的一粒粟，经过春夏秋三季的辛苦劳作，才会有“万颗子”的收获。第三句和第四句诗人展开论述，四海之内的农田都耕种了，应该收获很多的粮食，为什么生产粮食的人——农民还有饿死的呢？这两句抒发了诗人对地主剥削以及官府沉重税赋的批评。

二、诗词书写

悯农

〔唐〕李绅

春种一粒粟，

秋收万颗子。

四海无闲田，

农夫犹饿死。

三、品画诗词

农民伯伯辛苦劳作一年，到头来还是要忍饥挨饿，这是怎样的社会呢？用画笔描述一下吧。

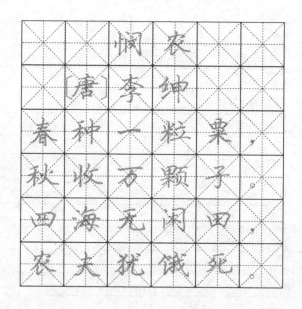

四、诗词默写

五、知识拓展

唐敬宗时，李绅到端州（今属广东）做官，路过康州（今属广东）。当地有一条康河，河水浅，难以行舟。地方官说："这康河有条老龙，这河水涨不涨，全看它高兴不高兴。康州人凡有急事上端州，都备下礼品去求老龙，老龙如果高兴，河水马上就涨。"李绅说："世上贪官污吏勒索百姓，犹令人愤恨，没想到龙为一方之神，竟也如贪官恶吏一般，可愤可恼，我偏不上贡，还要作文骂它一顿！"李绅命书童摆出文房四宝，写道："生为人母，犹怜其子，汝今为龙母，不独不怜一方子民，反效尘世贪官恶吏刮民骨髓，岂不耻为龙乎……"写完就在老龙塑像前点火烧了。地方官吓坏了："李司马，可闯大祸了！"李绅傲然一笑，说："要是惹恼了我，拼着一死，我也要毁了这老龙祠，让世人不信这等恶神！"话没落音，家人禀道："老爷，河水涨了！河水涨了！"果然，汹涌的大水从媪龙祠后滚滚而出，片刻之间，康河成了十几丈宽、深不见底的大河。地方官又惊又喜，喃喃说道："难道老龙也怕李司马的檄文吗？"

悯农（其二）

〔唐〕李绅

李绅（772—846），字公垂，亳州谯县（今属安徽）人，唐朝宰相、诗人，诗歌代表作《悯农》，《全唐诗》存其诗四卷。

锄禾/日/当午，
汗滴/禾下/土。
谁知/盘中/餐，
粒粒/皆/辛苦。

一、诗词导读

《悯农》是一首五言古体诗，是李绅的组诗作品。诗题表明诗歌是对农民的悲悯。第一句描述农民耕作的辛苦，在烈日当空的正午，农民依然在田里劳作，既强调从一大早到正中午的劳作时间长，又说明劳动时要忍受酷暑。第二句承接上句，继续直言农民的辛劳，农民的汗水滴入土地中。第三句和第四句，诗人直接抒情，每一粒粮食都是农民辛勤劳作的结果，但有谁珍惜他们的劳动呢？诗歌截取农民劳动的一个片段，以点带面地反映了农民终年辛勤劳动的生活，抒发了对农民的同情之心。

二、诗词书写

悯农

〔唐〕李绅

锄禾日当午，

汗滴禾下土。

谁知盘中餐，

粒粒皆辛苦。

三、品画诗词

农民伯伯在田间辛苦劳作的场景，用什么色彩表现呢？你来画一画吧。

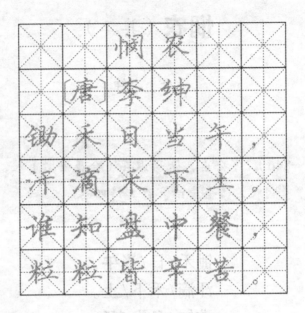

四、诗词默写

五、知识拓展

李绅在二十七岁时考中进士，成为翰林学士。据说有一年他回乡探亲，遇到同榜进士李逢吉。两人登上亳州（今属安徽亳州）城东的观稼台，诗意大发。李逢吉作诗抒发自己仕途顺畅的心情，而李绅则写出《悯农》这首诗。李逢吉赞道："好诗，一粥一饭得来都不易呀！"李绅还写了另一首《悯农》诗："春种一粒粟，秋收万颗子。四海无闲田，农夫犹饿死。"

李逢吉认为这是在讽刺朝廷，他决定把李绅当成自己升官的垫脚石，告发李绅借诗讽刺朝廷。但皇帝不是昏君，他被李绅的体恤民情所感动，认为自己久居庙堂，忘却了民情，随即升了李绅的官。李逢吉非常沮丧，本来想借告发李绅邀功升官，没想到却适得其反。不久，他的浙东节度使一职不保，被降为云南观察使，成了"偷鸡不成蚀把米"的典型。

江上渔者

〔宋〕范仲淹

范仲淹（989—1052），字希文，苏州吴县（今属江苏）人，北宋杰出的思想家、政治家、文学家，谥文正，世称范文正公。有《范文正公文集》传世。

江上/往来/人，
但爱/鲈鱼/美。
君看/一叶/舟，
出没/风波/里。

一、诗词导读

这是一首五言古体诗。诗题点明写作对象是江上打鱼的渔夫。诗歌首句写江岸上人来人往，十分热闹。第二句交代这些人“往来”此处的原因是喜欢美味的鲈鱼，用一个“但”字表明这些人到此没有别的目的，只是出于对鲈鱼美味的需要。第三句和第四句笔锋转向江面，以第二人称直接抒发胸臆：打鱼的小船在风浪中忽隐忽现，说明打鱼人为了生活冒着生命危险，而岸上的“往来人”却不顾这些，只顾着享受鲈鱼的美味。鲈鱼虽味美，捕捉却艰辛，本诗表达了诗人对渔人疾苦的同情，深含对“但爱鲈鱼美”者的规劝之意。

诗歌把岸上和江中两种环境对比，把“一叶舟”和“往来人”对比，把“往来”和“出没”两种动态对比，反映渔民劳作的艰苦，希望唤起人们对民生疾苦的注意。

二、诗词书写

江上渔者

〔宋〕范仲淹

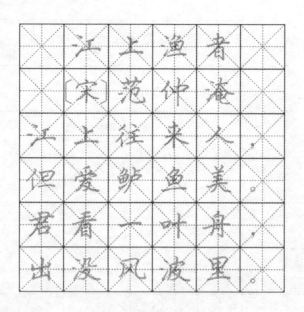

江上往来人，
但爱鲈鱼美。
君看一叶舟，
出没风波里。

三、品画诗词

人类的每一个幸福都有他人的付出在其中，鲈鱼虽美，也是渔人在风浪里冒险付出的结果。用我们的画笔去描绘一下渔人的辛苦付出吧。

四、诗词默写

五、知识拓展

范仲淹在应天府书院求学期间，每天煮一碗粥，待粥凝结后，划分成四块，早晚各两块，拌点腌菜就满足了。读书困乏了，他就用冷水洗脸提神。

应天府留守听说了他苦读的事迹，特地派人送来美味的饭菜，范仲淹却谢绝了："我今天尝到美食，再看到粗茶淡饭，就难以下咽了。"由俭入奢易，由奢入俭难，范仲淹深谙此中道理。

一天，宋真宗车驾路过应天府，大家都去围观，唯有范仲淹不为所动，仍待在书院里读书。有位同学问他为何如此，范仲淹却说，今后有的是面见皇帝的机会。范仲淹并不是夸海口，二十七岁那年，他一举中第，在殿试时面见皇帝了。

示 儿

〔宋〕陆游

陆游（1125—1210），字务观，号放翁，越州山阴（今浙江绍兴）人，南宋文学家、史学家、爱国诗人。有《剑南诗稿》八十五卷，收诗九千余首，又有《渭南文集》五十卷。

死去/元知/万事/空，
但悲/不见/九州/同。
王师/北定/中原/日，
家祭/无忘/告/乃翁。

一、诗词导读

这是一首七言绝句，是陆游爱国诗中的名篇。题目是《示儿》，作于去世前，相当于遗嘱。诗歌首句评述诗人自己对生死的态度，即将离开人世，万事皆空，用不着牵挂什么了。实际上却反衬出诗人内心曾经有多种牵挂，不禁让人哀戚。第二句承接第一句，写诗人的悲怆心境，临死之前什么都可以放弃，但唯有一个心念放不下，他为没有亲眼看到祖国统一而深感遗憾。本句诗用“但”字强调本句所“悲”之事的唯一性、重要性；用“悲”字表明诗人饱含悲哀、心有不甘的怅恨之情。第三句和第四句语气深长，交代诗人的遗愿，表达了诗人对收复失地的渴望，侧面写出诗人内心的沉痛和遗憾，未能在今生看到国家统一，只能把希望寄托给儿子了。他嘱咐儿子，“北定中原”时一定要举行家祭，把喜讯告诉自己，表达了诗人无比深切的爱国之情。

二、诗词书写

示儿

［宋］陆游

死去元知万事空，

但悲不见九州同。

王师北定中原日，

家祭不忘告乃翁。

三、品画诗词

伟大的爱国诗人陆游临终前是怎样的心态？请用你的画笔描绘一下吧。

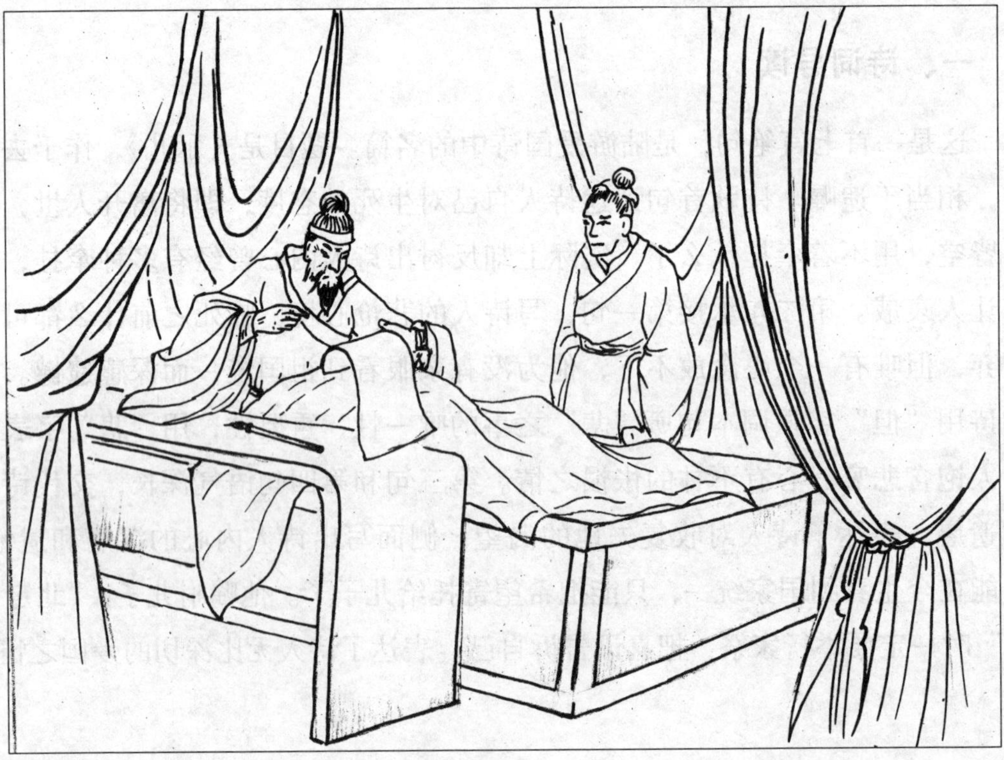

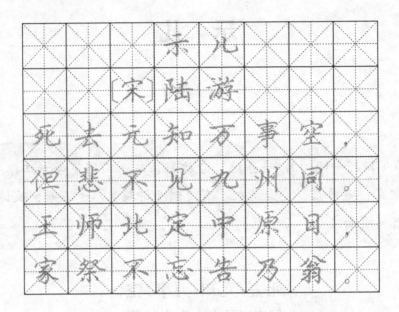

四、诗词默写

五、知识拓展

古人有名，有字，还有号。古人的名和字由父母或贤达者来取，二者在意义上有一定的内在联系。清人查慎行认为陆游的名字出自于《列子》。《列子·仲尼》篇有“务外游，不知务内观”一语，“观”和“游”两个字在意义上有相通之处。古人游学于外，四处访名师，陆游的字“务观”补充了“游”的目的。

陆游的号叫“放翁”，是他五十三岁时在四川成都所取的。1175 年，范成大在四川做官，他和陆游素有诗文之交，便邀请陆游到他那里任职。但是南宋主和势力诋毁陆游“不拘礼法”“燕饮颓放”。范成大迫于压力，将陆游免职。1176 年，为回应主和派对自己的诋毁，五十二岁的陆游作诗进行反击：“策策桐飘已半空，啼螿渐觉近房栊。一生不作牛衣泣，万事从渠马耳风。名姓已甘黄纸外，光阴全付绿尊中。门前剥啄谁相觅，贺我今年号放翁。”在此诗中，陆游自我解嘲，并自号“放翁”，表达对南宋掌权官吏的不满。

秋夜将晓出篱门迎凉有感

〔宋〕陆游

陆游（1125—1210），字务观，号放翁，越州山阴（今浙江绍兴）人，南宋文学家、史学家、爱国诗人。有《剑南诗稿》八十五卷，收诗九千余首，又有《渭南文集》五十卷。

三万里/河/东/入海，
五千仞/岳/上/摩天。
遗民/泪尽/胡尘/里，
南望/王师/又/一年。

一、诗词导读

《秋夜将晓出篱门迎凉有感》是陆游的组诗作品。当时陆游已六十八岁，被罢官的他在山阴故里已居住四年。诗题点明诗歌创作于秋季，此时天气凉爽，人心也会畅达，但诗人内心不定，彻夜难以安睡，将晓之际，他步出篱门，以舒烦郁。诗歌前两句想象夸张，一横一纵，明写北方国土广大，山川险峻，江河纵横，暗写诗人对时光流逝、壮志难酬的哀愁。诗人已入暮年，即使黄河三万里长也要入海了，但自己内心的报国之志却像山岳一样摩天高。面对祖国大好河山陷于敌手，暮年之际的诗人有心报国却报国无门，空有冲天志向，而无法实现。后两句诗人笔锋一转，想象沦陷的百姓对收复失地的期盼，用“泪尽”一词描述遗民内心企盼之热切、情感之悲痛；用一个“又”字扩大了时间的上限，表明遗民对国家出师北伐年年期盼，却年年愿望落空。诗人从遗民的角度写他们的盼望之切和失望之悲，这种心情更是诗人内心的写照。诗歌表达了诗人对祖国大好山河的热爱，对家国情仇的牵挂，希望南宋能够尽快收复中原，实现统一。

二、诗词书写

秋夜将晓出篱门迎凉有感

〔宋〕陆游

三万里河东入海，

五千仞岳上摩天。

遗民泪尽胡尘里，

南望王师又一年。

三、品画诗词

我们的祖国山河壮丽，用你的画笔描画出诗人的山河家国之情吧。

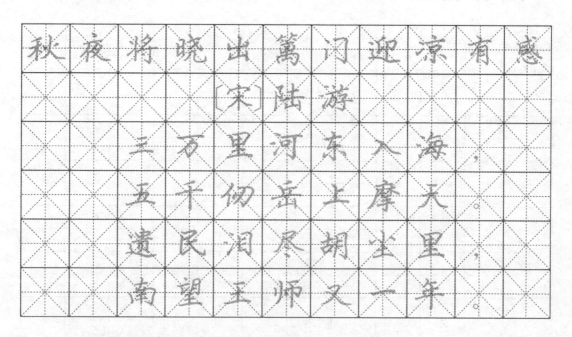

四、诗词默写

五、知识拓展

诗人陆游生于北宋末年，在他少年时北宋灭亡。面对残破的山河，他受父辈爱国思想熏陶，具有强烈的爱国主义情怀，他一生都梦想南宋王朝能北伐中原，收复失地。但是南宋王朝投降派占据大部分，多数人被江南的繁华消磨了斗志，在偏安一隅中享乐。所以，陆游这种主战派经常受主和派的攻击，因此，陆游仕途跌宕，始终不如意，但是他始终心怀家国，励志北伐，收复失地。梁启超评价陆游：“诗界千年靡靡风，兵魂销尽国魂空。集中十九从军乐，亘古男儿一放翁。”

题临安邸

〔宋〕林升

林升（生卒年不详），南宋孝宗淳熙年间人，《西湖游览志余》录此诗。

山外/青山/楼外/楼，
西湖/歌舞/几时/休。
暖风/熏得/游人/醉，
直把/杭州/作/汴州。

一、诗词导读

《题临安邸》是一首七言绝句。诗题点名本诗所写的地点是临安。诗歌前两句概括写临安城青山重重叠叠、楼台鳞次栉比、西湖边上的轻歌曼舞无休无止，点出南宋王朝苟安江南，不思进取的状态。这两句写景为下文做铺垫。第三句着眼于南宋朝廷治下的国民生活状态，在四季如春的杭州，统治阶层整日莺歌燕舞、游山玩水，多数人也是不思进取，沉溺于玩乐之中。最后一句诗人直接抒情，通过“杭州”与“汴州”的对照，对醉生梦死的“游人”表现出失望和无奈，表达了作者对当政者不思收复失地的愤激以及对国家命运的担忧。

二、诗词书写

题临安邸

[宋]林升

山外青山楼外楼，

西湖歌舞几时休。

暖风熏得游人醉，

直把杭州作汴州。

三、品画诗词

西湖美景，山水映衬，处处楼台亭阁，我们用画笔描画一下这些美景吧。

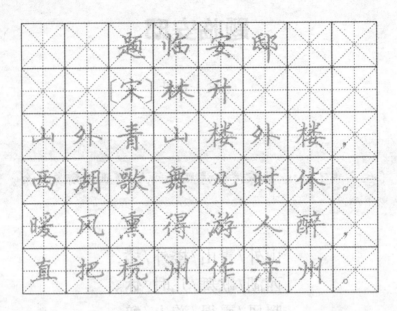

四、诗词默写

五、知识拓展

汴京简称汴，古称“大梁”“汴州”“东京”，位于现在的河南省开封市，是中国多个王朝的都城。

战国时期，魏国建都于此，称“大梁”，当时十分繁荣，后来秦灭六国，秦军引黄河水淹没大梁，此地几乎成为废墟。五代十国时期，汴京地处中原地区，地理条件非常适宜农业经济发展，先后成为后梁、后晋、后汉和后周的都城。

961年，赵匡胤发动“陈桥兵变”，建立宋朝，定都于此，称为“东京”。汴京是当时世界上最大最繁华的城市之一。

己亥杂诗

〔清〕龚自珍

龚自珍（1792—1841），字璱人，号定庵，杭州人，晚年居住昆山（今属江苏）羽琌山馆，又号羽琌山民，清代思想家、诗人、文学家和改良主义的先驱者。龚自珍曾任内阁中书、宗人府主事和礼部主事等官职，主张革除弊政，抵御外国侵略者，曾全力支持林则徐禁除鸦片，受到排挤和打击。1839 年，四十八岁的龚自珍辞官南归，次年卒于江苏丹阳云阳书院。有《定庵文集》，今人辑为《龚自珍全集》。

九州/生气/恃/风雷，
万马/齐喑/究/可哀。
我劝/天公/重/抖擞，
不拘/一格/降/人才。

一、诗词导读

《己亥杂诗》是龚自珍创作的一组诗，本诗是第 125 首。在形式上，这是一首七言绝句，是诗人自我抒怀的政治诗。

诗人在诗歌首句对清王朝抒发改革的呼告。诗人以“九州”代指中国，以“风雷”来比喻革新，只有风雷这样大的革新和力量才能让中国焕发生机，暗指清王朝守旧势力的强大。诗歌第二句是对第一句解释。中国为什么需要巨大的变革？清王朝入关以来，大兴文字狱，闭关锁国，人们接触不到外界新事物，读书人不敢创新，不敢有任何新意。诗人以“马”比喻人才，用“齐”字痛斥在腐朽僵化的思想禁锢下，人才都被扼杀了，沉默不敢发声，清王朝上下到处都是愚昧守旧，顽固不化，一片死寂，现实状况令人窒息，实在令人痛心！

第三句承接前两句，社会变革需要强大的新生力量和行动，因此，作者进一步向上天呼告，希望上天能够再次精神抖擞，斗志昂扬，恢复以往的豪迈壮志和博大胸怀。第四句承接第三句抒发作者对人才的渴求，希望各类杰出人才能够挺身而出，希望国家能重用他们，改变没落腐朽的清王朝现状。

诗人在这首诗里以奇特的想象和强烈的愿望，渴望大量的杰出人才涌现，开始“风雷”一样的革新，改变清王朝腐朽没落状况，抒发了诗人的爱国情怀。

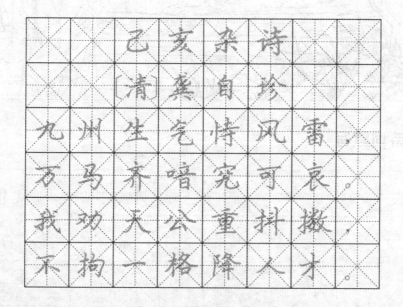

二、诗词书写

己亥杂诗

〔清〕龚自珍

九州生气恃风雷，

万马齐喑究可哀。

我劝天公重抖擞，

不拘一格降人才。

三、品画诗词

你能用画笔描绘出在清王朝没落衰朽的时局中，作者希望国家万马奔腾、朝气蓬勃的画面吗？

四、诗词默写

五、知识拓展

龚自珍家族多人为官，且都有极高的文学修养，都有诗集、文集传世。龚自珍在这样的家庭环境中长大，从小就受到熏陶。他自幼受母亲教育，好读诗文。八岁开始学习“经史”；十二岁跟随他的外祖父段玉裁学《说文解字》；十三岁时作《知觉辨》；二十六岁中举，在京师与魏源一起师事今文学家刘逢禄，研读《春秋公羊传》；在第六次会试后，终于考中进士。

龚自珍做官时多次揭露时弊，触动权贵，不断遭到排挤和打击，他决计辞官南归。回家乡后，他执教于江苏丹阳（今属江苏）云阳书院。

敕勒歌

北朝民歌

北朝民歌主要是北魏以后用汉语记录的作品，这些歌谣风格豪放刚健，抒情爽直坦率，语言质朴无华，表现了北方民族英勇豪迈的气概。

敕勒川，阴山/下。
天似/穹庐，笼盖/四野。
天/苍苍，野/茫茫。
风吹/草低/见/牛羊。

一、诗词导读

《敕勒歌》最早见录于宋郭茂倩编的《乐府诗集》，一般认为是敕勒人创作的民歌。它产生的时期为5世纪中后期。诗题中“敕勒”是我国古代北方的少数民族。“敕勒川，阴山下”两句从横面写，吟咏出敕勒人的生活场所在阴山脚下，敕勒川边，依傍山水，水草丰美，辽阔高远。“天似穹庐，笼盖四野”，承上面两句，用比喻的手法描述这里的天空像大穹庐一样笼盖着一望无际的草原，天野相连，画面壮阔。“天苍苍，野茫茫，风吹草低见牛羊”这三句诗中，“天”“野”两句承接上两句，极力突出敕勒川草原天空之苍阔辽远、原野之碧绿无垠，养育了游牧民族博大的胸襟、豪放的性格。“风吹草低见牛羊”这最后一句是全文的点睛之笔，与前面静态描写相对，以动态描写展示出游牧民族的生活特点。

二、诗词书写

敕勒歌

北朝民歌

敕勒川，阴山下。

天似穹庐，笼盖四野。

天苍苍，野茫茫。

风吹草低见牛羊。

三、品画诗词

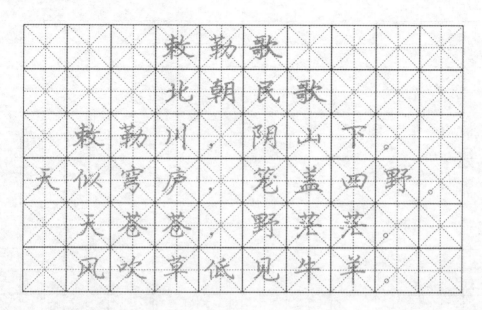

“风吹草低见牛羊”描述了美丽的草原生活，我们用什么样的色彩来描画呢？你来画一下吧。

四、诗词默写

五、知识拓展

公元 4 至 6 世纪，中国北方大部分地区处在鲜卑、匈奴等少数民族的统治之下，先后出现北魏、东魏、北齐、西魏、北周五个政权，历史上称为“北朝”。

在史书中，最先提到《敕勒歌》的是唐朝初年李延寿撰的《北史》卷六《齐本纪》：公元 546 年，东魏将领高欢率兵从晋阳向南进攻西魏的军事重镇玉壁，结果损兵折将。在返回晋阳途中，军中谣传高欢中箭将亡。为稳定军心，高欢带病会见众将领，命部将斛律金唱《敕勒歌》。

元代大诗人元好问是鲜卑人的后裔，他读了《敕勒歌》后，非常赞赏这首诗，并创作了一首绝句：“慷慨歌谣绝不传，穹庐一曲本天然。中州万古英雄气，也到阴山敕勒川。”

池 上

〔唐〕白居易

白居易（772—846），字乐天，号香山居士、醉吟先生，先世为太原（今山西太原）人，后迁居下邽（今陕西渭南）。唐代伟大的现实主义诗人。白居易与元稹共同倡导新乐府运动，世称“元白”，又与刘禹锡并称“刘白”。白居易的诗歌题材广泛，形式多样，语言平易通俗，有“诗魔”和“诗王”之称。代表诗作有《长恨歌》《卖炭翁》《琵琶行》等，有《白氏长庆集》传世。

小娃/撑/小艇，
偷采/白莲/回。
不解/藏/踪迹，
浮萍/一道/开。

一、诗词导读

《池上》是白居易创作的五言绝句组诗作品，这是其中的第二首诗。诗题“池上”点明诗歌所写内容发生的地点。诗歌第一句用两个“小”字，描述江南可爱的小娃划着小船去采莲蓬和莲花。第二句没有描写小娃的神态，只用“偷”字描写小娃所做之事，没写为什么偷，怎么偷的，偷了多少，只是单纯描述这样一件事。诗的后两句描写小娃偷莲带来的情趣，虽然偷得白莲，但不懂得或是没想到去隐蔽自己的踪迹，只顾划小船离开，不承想小船把水面上的浮萍轻轻荡开，留下了一道清晰的水路痕迹。诗人在诗中通过一个小娃私自驾船偷采白莲却不知遮掩的趣事，将一个天真无邪的孩童形象跃然纸上，很有生活情趣。

二、诗词书写

池上

〔唐〕白居易

小娃撑小艇，
偷采白莲回。
不解藏踪迹，
浮萍一道开。

三、品画诗词

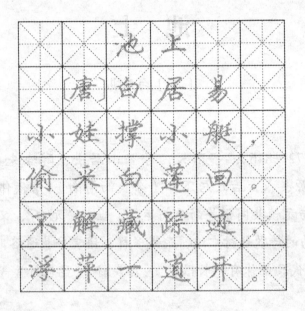

夏日莲花盛开，驾船的小娃偷偷采摘美丽的莲花和莲蓬回家，他是怎样的小娃，给他穿什么样颜色的衣服呢？你来描画一下吧。

四、诗词默写

五、知识拓展

中华民族对莲花非常喜爱。早在宋代，每逢六月廿四，民间便至荷塘泛舟赏荷、消夏纳凉。在江苏苏州一带，农历六月廿四被定为观莲节，称为荷花生日，届时人们成群结队，观赏荷花；山东济南市、济宁市，湖北孝感市、洪湖市，河南许昌市，广东肇庆市，江西九江市等把荷花作为市花；我国的澳门特别行政区的区旗、区徽也选用荷花为图案。

小儿垂钓

〔唐〕胡令能

胡令能（生卒年不详），唐代诗人，河南中牟县（今属河南）人，隐居圃田。家贫，年轻时以修补锅碗盆缸为生，人称“胡钉铰”，现仅存七绝4首。

蓬头/稚子/学/垂纶，
侧坐/莓苔/草/映身。
路人/借问/遥/招手，
怕得/鱼惊/不应/人。

一、诗词导读

《小儿垂钓》是一首以儿童生活为题材的七言绝句。诗题点明本诗写的是儿童垂钓。诗歌前两句描写垂钓小孩的形象，用“蓬头”写其容貌，对他的轮廓进行白描，引发无限遐想：这孩子到底长什么样？用“学”字，表明孩童初学钓鱼，为后两句做铺垫，用“侧坐”描写孩童垂钓的姿态，用“莓苔”描绘出小孩选择的地方比较潮湿，周边水草丰盛，所以才有“草映身”。诗歌后两句写垂钓小儿的心态，诗人用“遥招手”的动作，推测他“怕鱼惊”的心态，从动作和心理两方面来描写垂钓小孩的认真劲，别有情趣。

二、诗词书写

小儿垂钓

〔唐〕胡令能

蓬头稚子学垂纶，

侧坐莓苔草映身。

路人借问遥招手，

怕得鱼惊不应人。

三、品画诗词

在河边草中垂钓的小娃专心致志，我们来描画一下他和路边行人的神态和动作吧。

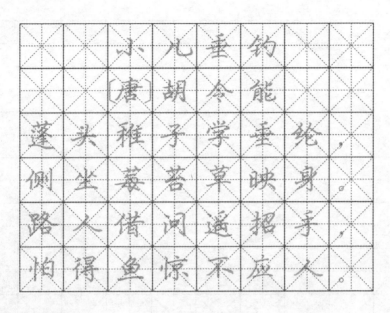

四、诗词默写

五、知识拓展

我国的垂钓活动至今已有六七千年的历史。在全国各地的新石器时代文化遗址中，如仰韶文化遗址、西安半坡遗址、大汶口文化遗址、大城山遗址、阿善遗址等，都发现了许多骨质鱼钩。这时的鱼钩有倒刺式和无倒刺式两种。可见，当时内陆地区淡水水域的钓鱼活动不仅十分普遍，而且已有较高的垂钓技术水平。

寻隐者不遇

〔唐〕贾岛

贾岛（779—843），唐代诗人，字阆仙（一作浪仙），自号碣石山人，幽州范阳（今河北涿县）人。诗风清苦，被称为“苦吟诗人”，与孟郊共称“郊寒岛瘦”。苏轼在《赠诗僧道通》一诗中有“为报韩公莫轻许，从今岛可是诗奴”之句，后人便称贾岛“诗奴”。有《长江集》。

松下/问/童子，
言/师/采药/**去**。
只在/此山/中，
云深/不知/**处**。

一、诗词导读

《寻隐者不遇》是五言古体诗。全诗只有 20 字，却有环境，有人物，有情节，内容极为丰富，其奥秘在于作者别出心裁地运用了问答体。诗题点明诗人去寻访隐士，没有遇到。第一句省略了主语“我”，用“松下”描写“隐者”居住的周围环境，“问童子”紧扣诗题，寻找之人不在，因此产生问答。第二句采用第三方叙述，省略了上句的“童子”，而直接转述童子的回答“师采药去”，这也是回扣诗题。第三句省略了“你老师去哪里采药”的问话，仍旧直接转述童子的对答，连同第四句，既回答了诗人的问题，又侧面表现出了隐士闲云野鹤般的生活。

二、诗词书写

寻隐者不遇

〔唐〕贾岛

松下问童子，

言师采药去。

只在此山中，

云深不知处。

三、品画诗词

云海漫漫，山中松树下，诗人与童子展开问答对话，描画一下他们的对话场景吧。

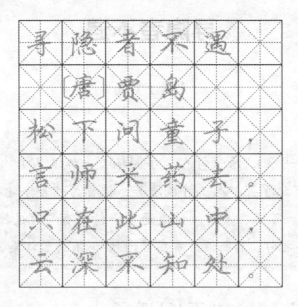

四、诗词默写

五、知识拓展

贾岛初次去京城参加科举考试。一天他在驴背上作了一首诗："鸟宿池边树，僧敲月下门。"他琢磨着是用"推"字好，还是用"敲"字好，反复思考也没有定下来，便在驴背上吟诵。当时韩愈正兼任京城的长官，带车马巡视。贾岛由于太专心思考诗句，冲撞了巡视队伍，被押到韩愈面前。韩愈听了贾岛的诉说，思考了好一会儿，对贾岛说："用'敲'字好。"词语"推敲"就是从这里来的。

清　明

〔唐〕杜牧

杜牧（803—852），字牧之，号樊川居士，京兆万年（今陕西西安）人，唐代杰出的诗人、散文家，与李商隐并称“小李杜”，晚年居长安（今陕西西安）西南樊川别墅，故后世称杜牧为杜樊川，有《樊川文集》。

清明/时节/雨/纷纷，
路上/行人/欲/断魂。
借问/酒家/何处/有，
牧童/遥指/杏花村。

一、诗词导读

《清明》是首七言绝句。诗题点明写作时令和内容，写清明所见所感。清明节是古人扫墓、踏青的节日，诗人在这一天也出行踏青。诗歌首句“清明时节”紧扣诗题交代出游时令，用“雨纷纷”写这一天的天气，春雨连绵不断。诗歌第二句承接第一句，在清明时节，出来的人很多，但阴雨绵绵的天气让人们无处安置，诗歌用“断魂”描写人们被雨水淋得失魂落魄的状态。如何排解这种窘况？由此引出后两句的问答。第三句既是诗人的自问，也是向第四句中出现的牧童询问。诗人踏青出游，偏遇阴雨，湿冷之际很想找地方饮酒驱寒，所以有“酒家何处有”之问。第四句承接第三句，诗人直接描述回答问话的牧童出现，用一个“遥”字，指出酒家偏远，同时也再次点明诗人是在清明时节出游乡野。

二、诗词书写

			清	明			
		〔唐〕	杜	牧			
清	明	时	节	雨	纷	纷	，
路	上	行	人	欲	断	魂	。
借	问	酒	家	何	处	有	，
牧	童	遥	指	杏	花	村	。

三、品画诗词

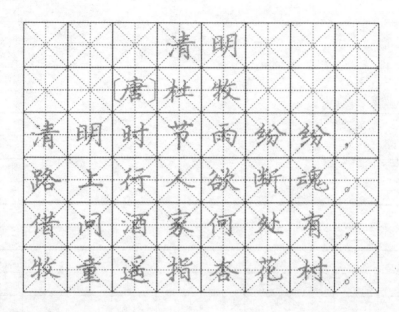

清明时节，细雨纷纷，踏青的人们处于怎样的场景，用你的画笔描画一下吧。

四、诗词默写

五、知识拓展

中国古代社会没有“星期天”的说法，但中国古人假日休息制度比较早，在秦汉时期已有一套相对成熟的休假制度。汉代每五天休息一天，称为“休沐”或“洗沐”。

到了隋唐，休沐制度有了变化，旬休成为一种制度，即工作 9 天，休息 1 天，休息日设在每月的十日、二十日、三十日，共 3 天。在唐代，清明节与寒食节被列入国家法定节假日。《大唐六典·尚书吏部》规定的休假日很多，诸如元正（旦）、冬至、寒食、清明、端午、七夕、中元、中秋、立春、春分、立秋、秋分、立夏、立冬等，另外还有婚假、丧假、探亲家、拜扫假等。

元　日

〔宋〕王安石

王安石（1021—1086），字介甫，号半山，临川（今属江西）人，北宋著名思想家、政治家、文学家、改革家，世称王文公。他的诗风格含蓄深沉、深婉不迫，世称“王荆公体”，有《王临川集》存世。

爆竹/声中/一岁/**除**，
春风/送暖/入/屠**苏**。
千门/万户/曈曈/日，
总把/新桃/换/旧**符**。

一、诗词导读

《元日》是一首七言绝句。诗题“元日”交代诗歌描写新年元日热闹、欢乐和万象更新情景，表达作者积极向上的政治革新思想。诗歌首句紧扣诗题，从听觉来描述春节的热闹，在“爆竹声中”一年过去了。第二句承接上句，从感觉来写春风送来暖意，人们开怀畅饮屠苏酒，企盼新的一年有新的收获。第三句写在元日这天家家户户沉浸在欢乐的节日里，“曈曈日”，说明一早旭日普照，也预示着国家和人民生活的美好。诗歌结句写人们把旧桃符换成新桃符，既是写当时的民间习俗，又有万象更新之意，也寓含政治上革新的开始。王安石的不少写景状物诗都与政治理想有关。本诗就是通过新年新气象的描写，抒写自己执政变法、除旧布新、强国富民的抱负和乐观自信的精神。

宋神宗继位后，为摆脱宋王朝所面临的政治、经济危机，以及辽、西夏不断侵扰的困境，任命诗人主持变法，推行新政。本诗正是作于此时期。

二、诗词书写

元日

[宋]王安石

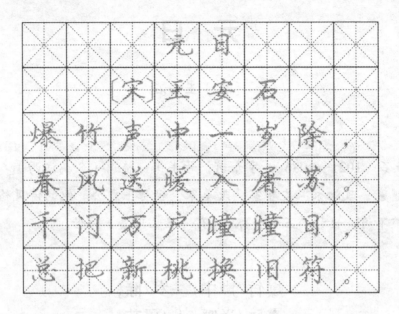

爆竹声中一岁除，
春风送暖入屠苏。
千门万户曈曈日，
总把新桃换旧符。

三、品画诗词

春节的欢乐热闹场景应该用什么颜色表现呢？画出你想象中的春节色彩吧。

四、诗词默写

五、知识拓展

王安石做宰相的时候，儿媳家的亲戚萧公子到京城要拜访他，王安石邀请他吃饭。萧公子盛装前往，他猜想王安石一定会盛宴招待他。到中午，他觉得很饿，不见王安石有什么动静，打算离开，可又不敢离开。过了很久，王安石才让萧公子入座就餐，却没准备菜肴。萧公子觉得很奇怪。喝了几杯酒后，才上了两块胡饼，后又上了四份切成块的肉。上饭后，旁边只安置了菜羹。萧公子骄横放纵惯了，只吃胡饼中间的一小部分，把四边都留下，王安石就把剩下的饼拿过来吃了。萧公子很惭愧地告辞了。

四时田园杂兴（其二十五）

〔宋〕范成大

范成大（1126—1193），字致能，号石湖居士，苏州吴县（今属江苏）人，南宋文学家，与杨万里、陆游、尤袤合称南宋“中兴四大诗人”，有《石湖集》《揽辔录》《吴船录》《吴郡志》《桂海虞衡志》等。

梅子/金黄/杏子/**肥**，
麦花/雪白/菜花/**稀**。
日长/篱落/无人/过，
唯有/蜻蜓/蛱蝶/**飞**。

一、诗词导读

范成大的《四时田园杂兴》被视为田园诗的典范。这首诗写初夏江南的田园景色。诗中用梅子、杏子、麦花、菜花、篱落等事物写出了夏季南方农村景物的特点，有花有果，有麦有菜，还有篱笆。诗歌前两句用梅子金黄和麦花雪白写出夏日农村的鲜丽色彩，用“杏子肥”和“菜花稀”写出各种农作物的生长状况。诗歌第三句具体描写农家院落，院落寂静无人，唯有夏日下的篱笆留下长长的影子，这一句与第四句相应。第四句以“蜻蜓蛱蝶”的唯一飞动之态，更衬托出第三句“无人过”的静。此诗表现了农闲时乡村的优美景色和人们宁静的生活。

二、诗词书写

四时田园杂兴

〔宋〕范成大

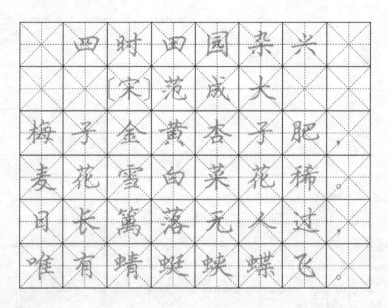

梅子金黄杏子肥，
麦花雪白菜花稀。
日长篱落无人过，
唯有蜻蜓蛱蝶飞。

三、品画诗词

金黄的梅子和杏子，雪白的麦花，蝴蝶、蜻蜓翩翩飞舞，夏日的农村是多彩的，用画笔描画一下乡村的夏日吧。

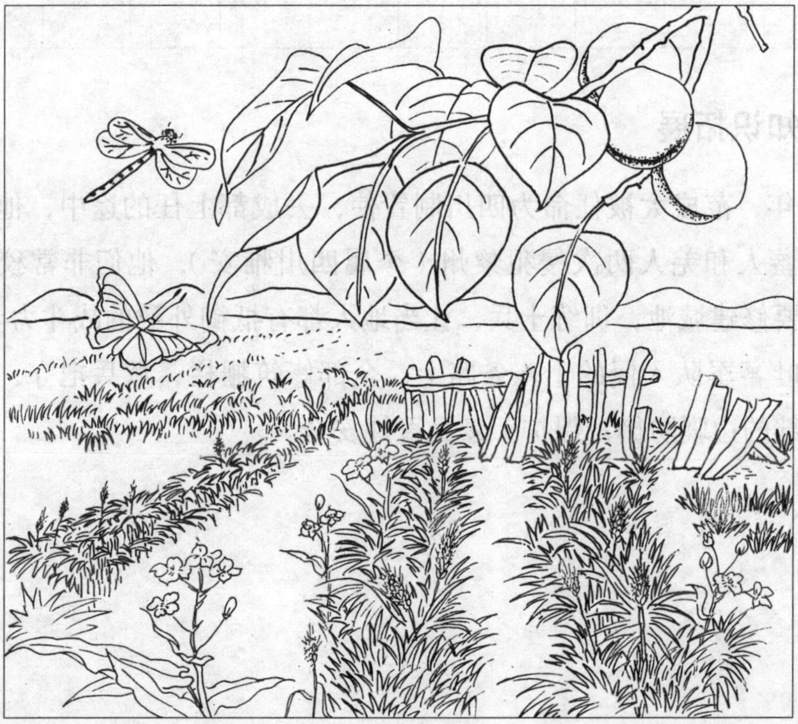

四、诗词默写

五、知识拓展

1175年，范成大被任命为四川制置使，去成都上任的途中，他上疏给皇帝说：吐蕃人和羌人两次侵犯黎州（今属四川雅安），他们非常狡黠，轻视我们。我要修建城池，训练士兵，让当地人都有抵御外敌的战斗力。到任后，范成大在吐蕃军队入侵的十八条路上，全部修筑栅栏，派兵把守，加强了南宋王朝西部的边疆防御，保护了黎民百姓安全。

四时田园杂兴（其三十一）

〔宋〕范成大

范成大（1126—1193），字致能，号石湖居士，苏州吴县（今属江苏）人，南宋文学家，与杨万里、陆游、尤袤合称南宋“中兴四大诗人”，有《石湖集》《揽辔录》《吴船录》《吴郡志》《桂海虞衡志》等。

昼出/耘田/夜/绩麻，
村庄/儿女/各/当家。
童孙/未解/供/耕织，
也傍/桑阴/学/种瓜。

一、诗词导读

这首诗描写农村初夏时节生活中的一个场景。首句描写农村生活忙碌，用“昼出耘田”和“夜绩麻”表明农民劳动时间长，既要耕田，还要搓麻。从后文看，这一句写的是年纪的大农民，在有儿孙辈时，还要辛苦劳作。第二句承接第一句，从广度来写夏日艰辛劳作的农家不止这一家，家家都如此，村里的男女都要辛劳耕织。第三句和第四句承接前两句，写第三代人“童孙”，他们还年幼，不会耕种纺织，也不懂得父母艰辛劳作的原因，但他们有模有样地在学大人们种瓜。表现了农村儿童的天真情态。

二、诗词书写

四时田园杂兴

〔宋〕范成大

昼出耘田夜绩麻，
村庄儿女各当家。
童孙未解供耕织，
也傍桑阴学种瓜。

三、品画诗词

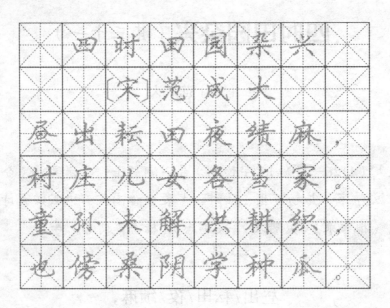

农忙时节的乡村生活非常紧张，家家户户都要辛苦劳作，大人小孩都要参与。用画笔描画一下农村的生活吧。

四、诗词默写

五、知识拓展

1170 年，南宋皇帝赵昚（shèn）任命信使向金国索求北宋诸帝陵寝之地，并更换受书仪式。左相陈俊卿和吏部侍郎陈良祐、李焘害怕金国人，不敢前行，范成大慨然受命。金国迎接的使者仰慕范成大的名声和为人，都效仿他戴巾帻。

到金国后，范成大言词慷慨，金国君臣认真倾听，范成大说道："两朝已经结为叔侄关系，而受书礼仪没有确定，我这里有国书。"金世宗完颜雍大吃一惊，说："这里难道是献国书的地方？"金国群臣用手板击他，范成大屹立不动，一定要把国书送上。金朝大臣议论纷纷，太子想杀死范成大，经阻止才作罢。范成大最终保全气节而归。

乡村四月

〔宋〕翁卷

翁卷（生卒年不详），字续古，又字灵舒，温州乐清（今浙江温州）人，南宋诗人，与徐照、徐玑、赵师秀并称“永嘉四灵”，有《西岩集》，一名《苇碧轩集》。

绿遍/山原/白/满川，
子规声/里/雨/如烟。
乡村/四月/闲人/少，
才了/蚕桑/又/插田。

一、诗词导读

《乡村四月》是一首七言绝句。这首诗以白描手法写江南农村夏四月的田野风光和农忙景象。诗歌首句抓住山、原、川三种事物，采取白描手法寥寥几笔就把水乡初夏时特有的景色勾勒出来。以横向视觉描述广阔的水乡，用“绿遍”和“白满”描绘江南草木葱郁，河水充盈。第二句以“子规声”和“雨如烟”把听觉和视觉并写，表现出江南乡村连绵不断的声和景，细雨如烟润农田，子规鸣啼促农耕。诗歌第三句和第四句描述人们的忙碌和辛劳，以“闲人少”突出农村夏日的劳作量大，用“才了”和“又”强调农村劳作事务一个接着一个，十分繁忙。

这首诗将初夏江南农村清新旖旎的风景与农忙时明快的节奏组合在一起，美好的生活气息扑面而来，既可见诗人对田园生活的热爱，也让读者产生想要身临其境去体验一番的向往之情。

二、诗词书写

乡村四月

〔宋〕翁卷

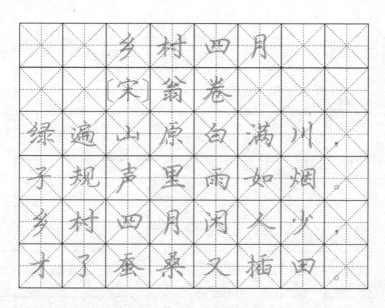

绿遍山原白满川，
子规声里雨如烟。
乡村四月闲人少，
才了蚕桑又插田。

三、品画诗词

青山绿原，河水涨满，细雨中杜鹃飞鸣。春天时节，江南乡村的人们也一样忙碌着。用你的画笔描画一下江南水乡的农村吧。

四、诗词默写

五、知识拓展

南宋的戴复古对翁卷充满仰慕之意。这位诗人喜欢翁卷的诗，但二人一直无缘见面。翁卷为了写诗和生存一生游走四方，因此，在今浙江、江西、福建、湖南等地都有戴复古追寻翁卷的足迹。

一次偶然的机会，戴复古在湖南与翁卷相逢，他写了一首诗记录了这次相会："天台山与雁荡邻，只隔中间一片云。一片云边不相识，三千里外却逢君。"把相见恨晚的心情表达得淋漓尽致。

所 见

〔清〕袁枚

袁枚（1716—1798），字子才，号简斋，晚年自号仓山居士、随园主人、随园老人。钱塘（今浙江杭州）人，清朝乾嘉时期代表诗人、散文家、文学评论家，与赵翼、张问陶并称“性灵派三大家”，文与纪昀齐名，时称“南袁北纪”，主要著作有《小仓山房集》《随园诗话》等。

牧童/骑/黄牛，
歌声/振/林樾（yuè）。
意欲/捕/鸣蝉，
忽然/闭口/立。

一、诗词导读

《所见》是一首五言古体诗。它描绘了一幅林中牧童一派天真快乐的画面，表达了作者对田园风光的喜爱之情。诗题“所见”点明本诗写的是自己所看到的。诗歌前两句描写了牧童骑着黄牛悠然自得歌唱，声音响亮，在树林间回荡，“骑”字直接写出了牧童的姿势，“振”字则间接点出他率性高歌的愉快心情。第三句和第四句描写牧童的神态变化。第三句是过渡，转笔写牧童的心理，侧面写出牧童注意力的变化，由漫无目的地悠然歌唱转而变为注意力集中，这一改变是通过一个“鸣”字引发的，也交代了第四句中提到的“闭口立”的原因，是全诗的转折点。第四句承接第三句，描写牧童想捕蝉时的神态和动作，由响而静，由行而停，牧童闭口挺身，像立在牛背上，注目鸣蝉，神态写得韵味十足；用“闭”和“立”两个动词，把牧童凝神静气的神态和机警的动作表现得活灵活现。

二、诗词书写

所见

〔清〕袁枚

牧童骑黄牛，
歌声振林樾。
意欲捕鸣蝉，
忽然闭口立。

三、品画诗词

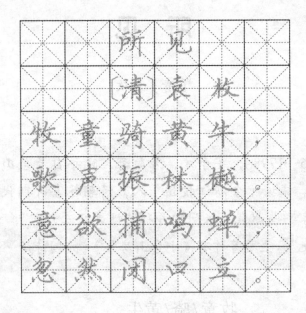

骑牛的牧童要捕蝉，这是怎样一幅画面呢？拿出画笔描画一下吧。

四、诗词默写

五、知识拓展

袁枚不仅是乾嘉时期著名文学家，还是个美食家，并且很有经济头脑。他收购了位于南京小仓山的随园后，对其进行修建。他把随园的围墙拆掉，让游客在园子里随意游玩，使人知道他在城里有这样一个山美水秀境幽的地方。很多人都知道随园景色优美，纷至沓来。

每有客人到来，袁枚都要叫人将餐桌摆到景致优美的亭台楼阁，还安排歌伎表演歌舞，随园的饮食生意远近闻名。对饮食很有研究的袁枚编写了一本《随园食单》，向游人介绍自家食物的精妙，吸引那些美食爱好者们的兴趣。袁枚还将《随园食单》等作品在园中售卖，因为喜欢的人太多，这些作品竟然出现了供不应求的情况。

村 居

〔清〕高鼎

高鼎（生卒年不详），字象一，又字拙吾，浙江仁和（今浙江杭州）人，清代后期诗人，有《拙吾诗稿》等。

草长/莺飞/二月/天，
拂堤/杨柳/醉/春烟。
儿童/散学/归来/早，
忙趁/东风/放/纸鸢。

一、诗词导读

《村居》将自然景物和人物活动融合在一起，描写了一幅春天乡村儿童放飞风筝的图画，充满生机和情趣。诗题点明此诗是诗人居住乡村时所作。第一句点明时令在仲春二月，江南草长，黄莺飞舞，天地间一片生机盎然。第二句写诗人远观春景，杨柳枝条拂扫在河堤之上随风飘摆，在春天的云烟雾气中，如同沉醉。前两句写景，草长莺飞、杨柳拂堤，让人感到江南春色的欣欣向荣。第三句和第四句写的是人物活动，描述了一群孩童从学堂归来，赶紧趁着东风放起了风筝，使春天显得更加富有朝气。

二、诗词书写

村 居

〔清〕高 鼎

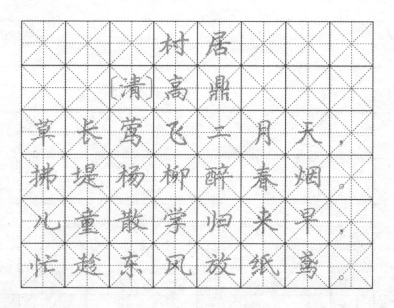

草长莺飞二月天，
拂堤杨柳醉春烟。
儿童散学归来早，
忙趁东风放纸鸢。

三、品画诗词

杨柳依依，草长莺飞，这是放风筝的最好时节。描画一下放学后孩子们放风筝的快乐情景吧。

四、诗词默写

五、知识拓展

风筝一词是从五代时期（907—960）开始有的，人们在纸鸢上加哨子，风一吹，发出的声音像筝发出的声音，故称“风筝”。相传墨子制成可在天上飞的木鸟，它被认为是风筝的起源。后来鲁班用竹子改进了风筝的材质。东汉时蔡伦改进造纸术后，人们才开始以纸做风筝，风筝由此被称为“纸鸢”。到南北朝时，风筝开始成为传递信息的工具。隋唐时期，由于造纸业的发达，民间开始用纸来裱糊风筝。到了宋代，放风筝成为人们喜爱的户外活动。北宋张择端的《清明上河图》、苏汉臣的《百子图》里都有放风筝的景象。南宋的周密在《武林旧事》中记载，清明时节，人们到郊外放风鸢，日暮方归。

绝 句

〔唐〕杜甫

杜甫（712—770），字子美，生于河南巩县（今属河南），自号少陵野老，世称杜拾遗、杜工部、杜少陵、杜草堂。唐代伟大的现实主义诗人，后人称其为“诗圣”和“诗史”，与李白合称“李杜”，有《杜工部集》。

两个/黄鹂/鸣/翠柳，
一行/白鹭/上/青天。
窗含/西岭/千秋/雪，
门泊/东吴/万里/船。

一、诗词导读

《绝句》是杜甫的组诗作品之一，作于唐代宗广德二年（764）的成都草堂。本诗前两句诗人用“黄”“翠”“白”“青”四种鲜明的颜色，织成一幅绚丽的图景。这幅图景又具有点线面的构成特点：“两个黄鹂”构成两点，“翠柳”纵向线条，“一行白鹭”构成横向线条，“青天”构成一面，画面极具立体感。用“鸣”反衬出了环境的幽静，用“上”字使画面极具动感。第三句，诗人采用透视镂空手法，“窗含”与“西岭”构成三重镂空和透视，西岭透窗，然后进入诗人视野，读者又看诗人。第四句，“东吴万里船”，拉开时空距离，在偏远的蜀地，诗人又于门前见要开往东吴的船，不禁触动了他对早年生活的东吴繁华之地的思念。成都草堂周围的景色尚且美如画，那么东吴地区的景色应是更加美好，诗人离别那里多年，已至暮年的诗人或许除了怀念之外，更是希望能离开蜀地，回到东吴吧。

二、诗词书写

			绝	句			
		〔唐〕	杜	甫			
两	个	黄	鹂	鸣	翠	柳	，
一	行	白	鹭	上	青	天	。
窗	含	西	岭	千	秋	雪	，
门	泊	东	吴	万	里	船	。

三、品画诗词

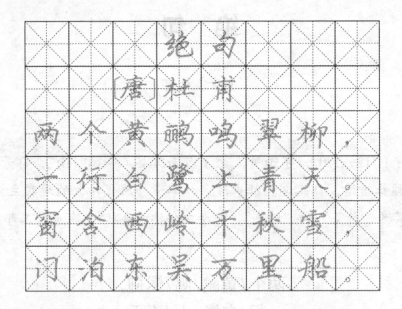

黄鹂、翠柳、白鹭、青天，色彩是那么的鲜明，画出来给大家看看吧。

四、诗词默写

五、知识拓展

四川西北有青藏高原，北有秦岭和巴山，南为云贵高原，金沙江奔腾咆哮于其间。四川作为盆地，地理上的封闭性使它的对外交通都十分困难。从对外交通来讲，四川周围多是“黄鹤之飞尚不得过，猿猱欲度愁攀援”的悬岩绝壁，故大诗人李白曾感叹“蜀道之难难于上青天”。古时候，四川唯一的对外快捷通道是长江三峡，但此地“两岸连山，略无阙处，重岩叠嶂，隐天蔽日”，也是非常难行。

望庐山瀑布

〔唐〕李白

李白（701—762），字太白，号青莲居士，贺知章称其为“谪仙人”，祖籍陇西成纪（今甘肃静宁）。李白是唐代伟大的诗人，被后人誉为“诗仙”，与杜甫并称“李杜”，代表作有《望庐山瀑布》《行路难》《蜀道难》《将进酒》《梁甫吟》《早发白帝城》等，有《李太白集》传世。

日照/香炉/生/紫烟，
遥看/瀑布/挂/前川。
飞流/直下/三千/尺，
疑是/银河/落/九天。

一、诗词导读

这是诗人李白五十岁左右隐居庐山时写的一首风景诗。这首诗形象地描绘了庐山瀑布雄奇壮丽的景象，表达了诗人对祖国大好河山的无限热爱。诗歌题目直接点出所写的对象为庐山瀑布，用“望”字突出远观。首句写瀑布的背景：在阳光照耀下，山间烟霞反射出紫色光彩，香炉峰犹如巨大的香炉，紫烟如同炉中燃起的香烟，冉冉上升。这为雄奇的瀑布设置了绚烂的背景，也为下文直接描写瀑布渲染了气氛。第二句写诗人远观瀑布之所见，用“挂”字化动为静，把瀑布形容成垂挂在面前的长河。第三句用“飞流”承接第二句的“川”字，描绘出瀑布像飞飘在空中的大河一样，直落下来；用“三千尺”虚写瀑布之高，给人以具象的观感。第四句极具想象力，诗人用天上银河来比喻瀑布，继续展示瀑布的磅礴气势，给瀑布平添了神话般的奇幻色彩。

二、诗词书写

望庐山瀑布

〔唐〕李白

日照香炉生紫烟，

遥看瀑布挂前川。

飞流直下三千尺，

疑是银河落九天。

三、品画诗词

“飞流直下三千尺”，这是李白所看到的庐山瀑布。我们用怎样的色彩描画呢？你来画一画吧。

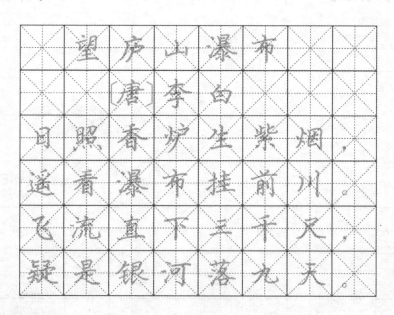

四、诗词默写

五、知识拓展

庐山，又名匡山、匡庐，位于今江西省九江市庐山市境内。其以雄、奇、险、秀闻名于世，素有“匡庐奇秀甲天下”之美誉，是世界文化遗产。庐山有瀑布 22 处，最为著名的是三叠泉瀑布，另有溪涧 18 条、湖潭 14 处。

从司马迁“南登庐山，观禹所疏九江”开始，陶渊明、昭明太子萧统、李白、白居易、苏轼、王安石、黄庭坚、陆游、朱熹等 1500 余位文坛巨匠先后登临庐山，留下 4000 余首诗词歌赋，庐山作为历史文化名山的地位得以确立。

春　晓

〔唐〕孟浩然

孟浩然（689—740），襄阳（今属湖北）人，世称孟襄阳，因他未曾入仕，又被称为孟山人。孟浩然是唐代著名的山水田园诗人，与王维并称“王孟”，有《孟浩然集》三卷传世。

春眠/不觉/晓，
处处/闻/啼鸟。
夜来/风雨/声，
花落/知/多少。

一、诗词导读

《春晓》是一首五言古体诗，是孟浩然隐居鹿门山时所作。诗人抓住春天早晨刚刚醒来时的一瞬间展开联想，描绘了一幅清新的图景，抒发了诗人热爱春天、珍惜春光的美好心情。诗歌题目点明所描写的是春日早晨的情景。诗歌首句破题，写大好春天，自己早早睡醒，用“不觉”点明是自然睡醒，显示出诗人悠然的生活。第二句写诗人睡醒时窗外的景象，鸟儿早已雀跃枝头，呼朋引伴，用“处处”虚写鸟儿之多。第三句转为回想昨晚的情景，春风吹起，春雨潇潇，风雨之声，留在记忆中。第四句承接第三句，由昨夜的风雨，预想到花的凋落，表达了诗人惜春之情。

二、诗词书写

春晓

〔唐〕孟浩然

春眠不觉晓，
处处闻啼鸟。
夜来风雨声，
花落知多少。

三、品画诗词

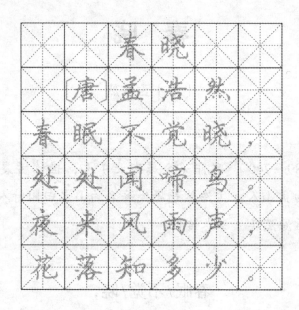

一场春雨后，百花凋落。诗人眼前的花是怎样的呢？还是枝头万紫千红吗？用你的画笔描画一下吧。

四、诗词默写

五、知识拓展

在《唐诗三百首》中，直接描写春天的诗歌就有近50首，表达诗人伤春情怀的诗歌有近30首。春天本是象征美好和希望的季节，唐朝许多文人却借春日景物来抒发伤感之情，这是唐诗中比较独特的现象之一。

春天万物兴盛繁荣，景象无穷。对于多情思的文人墨客而言，春日风光成为他们笔下寄托思绪之物，那一花一草、一轮明月、一袭春风、一帘春雨，在不同诗人的眼中都有了不一样的情韵：仕途失意之人望春而感怀自己的坎坷运途，闺阁女子赏春而自怜青春或牵挂远方爱侣，羁旅异乡的游子行走于春日的天涯海角，想起远方故乡的亲朋好友，有了一份伤感的情愁。

鹿 柴

〔唐〕王维

王维（701—761），字摩诘，号摩诘居士，河东蒲州（今山西永济）人，唐朝著名诗人、画家。唐肃宗时任尚书右丞，故世称王右丞。王维擅长五言诗，多咏山水田园，与孟浩然并称“王孟”，有“诗佛”之称。苏轼评价他：“味摩诘之诗，诗中有画；观摩诘之画，画中有诗。”现存诗400余首，代表诗作有《相思》《山居秋暝》等，有《王右丞集》。

空山/不见/人，
但闻/人语/响。
返景/入/深林，
复照/青苔/上。

一、诗词导读

这是一首五言古体诗。鹿柴是王维在辋川别业的胜景之一。辋川有胜景二十处，王维和他的好友裴迪逐处作诗，编为《辋川集》，这首诗是其中之一。诗歌前两句描述鹿柴的幽静。诗人首先从视觉来写这里见不到人，用“空”字描述这里的“静”和“净”；第二句承接第一句，以动衬静，从听觉来写鹿柴的“静”和“净”，见不到人却能听到人的话语声。第三句和第四句由声而色，通过视觉来写静，深林中的青苔落下返照的阳光，更加突出了密林不易照见阳光的幽暗。

二、诗词书写

鹿柴

〔唐〕王维

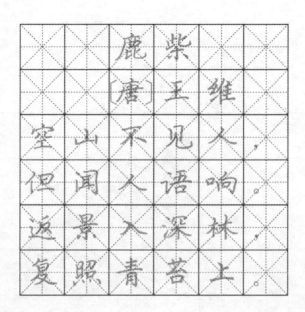

空山不见人，
但闻人语响。
返景入深林，
复照青苔上。

三、品画诗词

王维是诗人，也是画家，用你的画笔画一下他的《鹿柴》诗所描述的画面吧。

四、诗词默写

五、知识拓展

隐士指隐于世外专注研究学问的士人。隐士首先是“士”，即知识分子，他们是“士”阶层的成员之一。并不是所有居于乡野山林不入仕途之人都可称为隐士，那些向往入仕却没有机会或能力入仕的人不是隐士，那些普通的农夫、樵子、乡民也不是隐士；只有能保持独立人格，追求思想自由，不委曲求全，不依附权势，具有超凡才学品德，真正出自内心不愿入仕的隐居者才是隐士。这些人与庄子一样，崇尚自然无为的人生态度。

早发白帝城

〔唐〕李白

李白（701—762），字太白，号青莲居士，贺知章称其为“谪仙人”，祖籍陇西成纪（今甘肃静宁）。李白是唐代伟大的诗人，被后人誉为“诗仙”，与杜甫并称“李杜”，代表作有《望庐山瀑布》《行路难》《蜀道难》《将进酒》《梁甫吟》《早发白帝城》等，有《李太白集》传世。

朝辞/白帝/彩云/**间**，
千里/江陵/一日/**还**。
两岸/猿声/啼/不住，
轻舟/已过/万重/**山**。

一、诗词导读

此诗是李白在唐乾元二年（759）流放途中遇赦返回时所作的一首七绝。诗题点明诗人清晨从白帝城出发，抒写所见所想。诗歌首句紧扣诗题，回首早晨出发时的白帝城，已经远去。诗人用“彩云间”描写白帝城地势之高，也写出诗人的兴奋之表，为全篇描写顺水而下走得快这一动态蓄势。诗歌第二句承接第一句，用“还”对应上一句的“辞”，用“千里”和“一日”，把空间之远和时间之短做悬殊对比，表现出诗人遇赦的喜悦。第三句和第四句从纵横两个方向写辞白帝城还江陵时的所见所感。纵向上写两岸高山耸立。横向上描述船前行时两岸的景象，猿声不止一处，山也不止一重。用“啼不住”写出猿啼一路不断，似为诗人遇赦而欢呼；用“轻舟”写出诗人如释重负，心中无比喜悦轻快，两岸群山虽风景秀丽，却不在诗人眼里，诗人所向往的是回到心中的目的地。

二、诗词书写

	早	发	白	帝	城		
	〔唐〕	李	白				
朝	辞	白	帝	彩	云	间	，
千	里	江	陵	一	日	还	。
两	岸	猿	声	啼	不	住	，
轻	舟	已	过	万	重	山	。

三、品画诗词

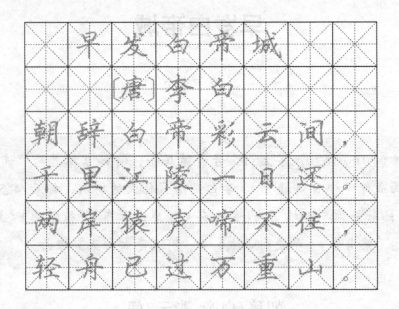

李白在长江上飞舟而下至江陵，一路上心情非常愉快。让我们来描画一下李白笔下万重山中的长江吧。

四、诗词默写

五、知识拓展

白帝城原名子阳城，位于今重庆奉节县瞿塘峡口的长江北岸的白帝山上，为西汉末年公孙述所建。公孙述听说城中有口白鹤井，井中常冒出一股白色的雾气，其形状宛如一条白龙，直冲九霄，就称这个现象是“白龙出井”，是好的征兆。于是，他自称白帝，建都城，取名“白帝城”。

历史上，白帝城是三峡地区著名游览胜地，是观“夔门天下雄”的最佳地点。历代著名诗人李白、杜甫、白居易、刘禹锡、苏轼、黄庭坚、范成大、陆游等都曾登白帝城，游夔门，留下大量诗篇，因此白帝城又有“诗城”美誉。

望天门山

〔唐〕李白

李白（701—762），字太白，号青莲居士，贺知章称其为“谪仙人”，祖籍陇西成纪（今甘肃静宁）。李白是唐代伟大的诗人，被后人誉为“诗仙”，与杜甫并称“李杜”，代表作有《望庐山瀑布》《行路难》《蜀道难》《将进酒》《梁甫吟》《早发白帝城》等，有《李太白集》传世。

天门/中断/楚江/**开**，
碧水/东流/至此/**回**。
两岸/青山/相对/出，
孤帆/一片/日边/**来**。

一、诗词导读

《望天门山》是李白二十五岁乘船出巴蜀，经过天门山时所作的一首七绝。诗歌题目点明诗人所写的对象是天门山。诗歌前两句写诗人远眺所见的壮丽景象：天门山夹江对峙，江水穿山而过，水势湍急，激荡回旋。第一句紧扣题目总写天门山，在诗人看来天门山是一个整体，阻挡着汹涌的江流，似乎是由于楚江怒涛的冲击，使它中断而成为东西两山。这一句借山势写出水的汹涌。第二句则借水势衬出山的奇险。夹江对峙的天门山束缚着汹涌奔腾的长江水，使得江水在此回还。诗歌第三句呼应第一句，写天门两山的雄姿，紧扣诗题“望”字描写两岸的青山，以己之动写山之动，诗人乘舟前行，两岸的青山接连出现。以“相对”回应第一句中的“断”字；诗人以客人的形象出现，两岸的山则以主人的身份迎客；“出”字写出山在诗人眼中的动态，像众多的迎接者般连续不断地迎面而来，仍旧是以动写动。第四句写江面所见，以“孤帆一片”写船的渺小，以“日边来”写其来处遥远。这一片孤帆，映衬出诗人迎日而上、顺江而下的豪迈气势。

这首诗中，碧水青山、白帆红日交映成一幅色彩绚丽的画面，而且这幅画面不是静止的，而是流动的，随着诗人行舟，山断江开，东流水回，青山相对迎出，孤帆日边驶来，景色由远及近再由近及远地展开。诗人的视角由天门山外进入天门山中，再远观天门山外，顺序写来，用“断”“开”“流”“回”“出”“来”六个动词写出山水景物呼之欲出的动态，描绘了天门山景象的雄奇阔远，也表现出诗人豪放不羁、自由洒脱的个性。

二、诗词书写

望天门山

〔唐〕李白

天门中断楚江开，
碧水东流至此回。
两岸青山相对出，
孤帆一片日边来。

三、品画诗词

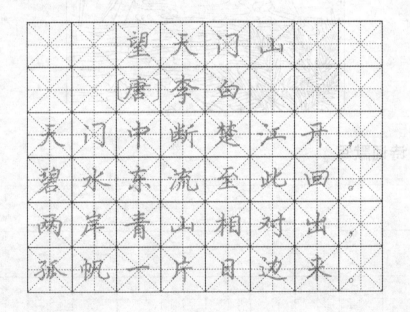

碧水青山、孤帆映日，是怎样色彩构成的画面呢？拿出画笔描画给大家看一看吧。

四、诗词默写

五、知识拓展

天门山又名东梁山或博望山，是“夹江对峙”的东梁山、西梁山的合称。天门两山中以东梁山最为陡峭，突兀江中，如刀削斧砍，巍巍然砥柱中流，令一泻千里的长江折转北去，形成“碧水东流至此回”的奇特景象。

春夜喜雨

〔唐〕杜甫

杜甫（712—770），字子美，生于河南巩县（今属河南），自号少陵野老，世称杜拾遗、杜工部、杜少陵、杜草堂。唐代伟大的现实主义诗人，后人称其为“诗圣”和“诗史”，与李白合称“李杜”，有《杜工部集》。

好雨/知/时节，当春/乃/发生。
随风/潜/入夜，润物/细/无声。
野径/云/俱黑，江船/火/独明。
晓看/红湿/处，花重/锦官城。

一、诗词导读

《春夜喜雨》是唐诗名篇之一，是杜甫于唐上元二年（761）在成都草堂居住时所作。诗题点明时令、作者的心情和描述的事物。诗歌首联的上句开头用“好”字赞美“雨”，说它“知时节”，把雨拟人化：正当春季万物萌发，需要细雨滋润之时，雨像知道万物对它的需求般，应时而生了。颔联承接首联写雨的“发生”，进一步展现雨的“好”，其中“潜”“润”“细”等字生动地写出了雨“好”的特点：“潜”字写雨的到来不张扬，悄悄降临，也呼应“无声”二字；“细”描写春雨之柔细，因为“细”才能“润”。这里诗人以拟人手法描写春雨的到来和作用。诗歌的颈联承接颔联，描写春雨夜潜的景色，呼应颔联的“夜”字，从视觉写春雨之夜、田野乡间的小路和江中船上的渔火：“俱黑”和“独明”形成鲜明对比，虽然雨夜弥漫，却是温馨的，江船渔火更是明亮，给人以希望和光明。尾联写诗人畅想雨后的景象，用“晓”字扣诗题的“夜”字；用“红”字描写雨后鲜花盛开，扣诗题的“春”字；用“重”字扣诗题的“雨”字。诗人用寥寥数语，勾画出第二天清晨，成都城处处雨露凝花瓣的清新美好景象。

二、诗词书写

春夜喜雨

〔唐〕杜甫

好雨知时节，当春乃发生。

随风潜入夜，润物细无声。

野径云俱黑，江船火独明。

晓看红湿处，花重锦官城。

三、品画诗词

入夜，春雨潇潇，漆黑的夜色中唯有江船灯亮，请描画诗人眼中的春雨之夜。

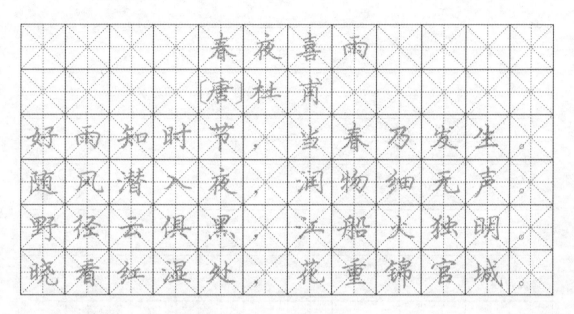

四、诗词默写

五、知识拓展

在三国蜀汉时期，成都因蜀锦出名，蜀锦是当时蜀汉政权的重要财政收入，蜀汉王朝曾设锦官、建立锦官城以保护蜀锦生产，锦官城的称呼由此产生，并声名远扬。后世也常以锦城和锦官城作为成都的别称。

绝　句

〔唐〕杜甫

杜甫（712—770），字子美，生于河南巩县（今属河南），自号少陵野老，世称杜拾遗、杜工部、杜少陵、杜草堂。唐代伟大的现实主义诗人，后人称其为“诗圣”和“诗史”，与李白合称“李杜”，有《杜工部集》。

迟日/江山/丽，
春风/花草/香。
泥融/飞/燕子，
沙暖/睡/鸳鸯。

一、诗词导读

诗歌首句从大处着墨，描绘出在初春灿烂阳光的照耀下，浣花溪一带明净绚丽的春景，用笔简洁而色彩明快，用“迟日”表现初春的阳光，以统摄全篇，用“丽”字点染“江山”，表现了春天阳光普照、四野青绿、溪水映日的秀丽景色。第二句，诗人通过联想，进一步以和煦的春风、初放的百花、如茵的芳草和空气中浓郁的芳香来展现明媚的大好春光。第三句用“融”字写出春天到来，大地冰消，泥融土湿，这时，家燕正繁忙地飞来飞去，衔泥筑巢。用极富动感的画面，更加展现出一片春意盎然、生机勃勃的景象。第四句勾勒静态景物，风和丽日，水边沙暖，鸳鸯也要享受春天的温暖，在溪边的沙洲上静睡不动，照应首句的“迟日”。

二、诗词书写

绝句

〔唐〕杜甫

迟日江山丽，

春风花草香。

泥融飞燕子，

沙暖睡鸳鸯。

三、品画诗词

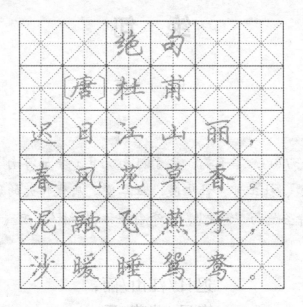

春暖花香，冰雪消融，燕子飞翔，鸳鸯卧睡，杜甫细致地观察春的到来，请用你的画笔描画出杜甫眼中的春天吧。

四、诗词默写

五、知识拓展

鸳鸯一直被人们当作对爱情坚贞不渝的象征，有“守情鸟”之称。诗人和画家往往把鸳鸯作为夫妻恩爱、忠贞不渝的象征，纳入诗画创作之中。《古诗十九首》中有“文彩双鸳鸯，裁为合欢被”。刘希夷《晚春》诗：“寒尽鸳鸯被，春生玳瑁床。”骆宾王《从军中行路难》诗：“雁门迢递尺书稀，鸳被相思双带缓。”李白也曾抒发过“常嫌玳瑁孤，犹羡鸳鸯偶”的感慨。杜甫诗：“为报鸳行旧，鹪鹩在一枝。”孟郊以诗赞：“梧桐相待老，鸳鸯会双死。”黄梅戏《天仙配》中更有“你我好比鸳鸯鸟，比翼双飞在人间”唱词。足见文人墨客对鸳鸯的喜爱之情。

江畔独步寻花

〔唐〕杜甫

杜甫（712—770），字子美，生于河南巩县（今属河南），自号少陵野老，世称杜拾遗、杜工部、杜少陵、杜草堂。唐代伟大的现实主义诗人，后人称其为“诗圣”和“诗史”，与李白合称“李杜”，有《杜工部集》。

黄师塔/前/江水/东，
春光/懒困/倚/微风。
桃花/一簇/开/无主，
可爱/深红/爱/浅红。

一、诗词导读

这首诗是杜甫在饱经离乱之后，寓居四川成都西郊浣花溪畔草堂时所作的组诗之第五首。首句紧扣诗题，写诗人顺着江水游春时所见的“黄师塔”，点明游春的地点。第二句描写春游所感，暖融融的春光下，诗人感觉懒困，想要倚微风而休息。第三句以具象的“桃花一簇”来表现春天的美好，桃花的出现让困倦的诗人眼前一亮，诗人用“无主”描写桃花顺时而开，凸显春的绚烂绮丽、自由多姿。第四句用“深”和“浅”描写桃花色彩不同，叠用“爱”字，强调桃花无论是深色还是浅色都美丽，让人喜爱。

二、诗词书写

江畔独步寻花

〔唐〕杜甫

黄师塔前江水东，

春光懒困倚微风。

桃花一簇开无主，

可爱深红爱浅红。

三、品画诗词

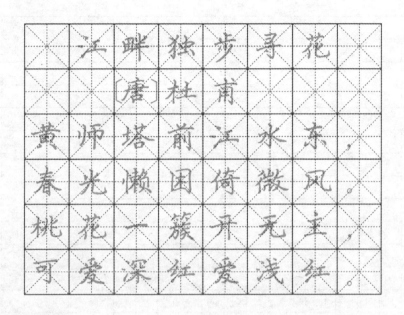

春光日暖，微风阵阵，桃花一簇，江水默默东流，春天来了！杜甫用文字写出了自己在江畔散步时所见的美好春天，让我们用画笔画出来吧。

四、诗词默写

五、知识拓展

塔是一种在亚洲常见的有着特定形式和风格的建筑。塔最初是供奉或收藏佛骨、佛像、佛经、僧人舍利等的建筑，称“佛塔”。据《魏书·释老志》记载，汉明帝时佛教传入洛阳，并于西门外建白马寺。明帝死后，葬于西北的显节陵，内建塔，这是典籍中记载的我国最早的佛塔。14 世纪以后，塔逐渐世俗化。

塔的种类非常多。按样式来分，有楼阁式塔、密檐塔、单层塔、喇嘛塔、金刚宝座塔、墓塔等；按所纳藏的物品来分，有舍利塔、发塔、牙塔、衣塔、钵塔、真身塔、灰身塔、碎身塔等；按建筑材料来分，则有砖塔、木塔、石塔、铁塔、琉璃塔等。

滁州西涧

〔唐〕韦应物

韦应物（737—约792），唐代诗人，长安（今陕西西安）人，曾任苏州刺史，世称韦苏州。其诗风格隽永古淡，后人将他与柳宗元并称为“韦柳”，有《韦苏州诗集》。

独怜/幽草/涧边/生，
上有/黄鹂/深树/鸣。
春潮/带雨/晚/来急，
野渡/无人/舟/自横。

一、诗词导读

这是一首写景的七言诗，写的是唐德宗建中二年（781）韦应物任滁州刺史时，春游滁州西涧所见。诗题点明赏景之所。首句紧扣诗题“涧”字，写春草在幽静的山涧旁生长，让人怜爱。第二句写涧水边树木丛生，黄鹂在树丛中啼鸣，写出西涧的清幽静谧，以动衬静。第三句写涧水的变化，到了傍晚，春雨又急又大，涧水如潮般上涨，河水也变得湍急。第四句承接第三句，写水之上的舟船，“野”字点明这里人迹罕至，“舟自横”写出船被涧水冲击，顺水而横，暗喻诗人顺势而为的自在心态。这首诗通过对人迹罕至的涧水旁景色的描写，表现了作者清静闲淡的生活态度。

二、诗词书写

滁州西涧

〔唐〕韦应物

独怜幽草涧边生，

上有黄鹂深树鸣。

春潮带雨晚来急，

野渡无人舟自横。

三、品画诗词

春雨中黄鹂鸣叫，野渡边船儿横摆，这是韦应物欣赏到的滁州西涧的春景。请你把它们描画出来吧。

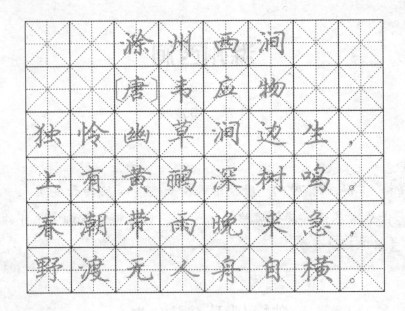

四、诗词默写

五、知识拓展

盛唐时期的王维、孟浩然，与中唐的韦应物、柳宗元合称“王孟韦柳”，他们继承陶渊明写山水田园诗的风格，在诗歌创作上既各有成就，又在艺术风格上有某些相似之处。王维是朝廷清贵，晚年山居消闲，他的诗题材较广，山水田园诗是其中一种，其诗有清华、典雅、壮健、平淡等多种风格；孟浩然入世之心不遂，终于隐遁，所作诗歌多是山水田园诗；韦应物做地方官吏，比较关心民生，既有涉及社会民生的诗，也有抒写闲适境界的诗；柳宗元参加政治革新失败，长期被贬谪，最后死于蛮荒之地，被贬期间，他写了一些山水诗，诗歌在描写山水之时表达其内心不屈服于现实的情怀。

早春呈水部张十八员外

〔唐〕韩愈

韩愈（768—824），字退之，河南河阳（今河南孟县）人，郡望昌黎，世称韩昌黎、昌黎先生，唐代杰出的文学家、思想家、政治家，谥文，故称韩文公。韩愈是唐代古文运动的倡导者，被后人尊为“唐宋八大家”之首，与柳宗元并称“韩柳”，有“文章巨公”和“百代文宗”之名。后人将其与柳宗元、欧阳修和苏轼合称为“千古文章四大家”，有《韩昌黎集》等。

天街/小雨/润/如酥，
草色/遥看/近/却无。
最是/一年/春/好处，
绝胜/烟柳/满/皇都。

一、诗词导读

本诗是韩愈写给张籍的两首七言绝句之一，诗题的“呈”字表明这是写给特定对象的诗。诗歌首句写长安初春的小雨，以“天街”交代写景的地点是在京城街道上，以“润如酥”来形容雨的细滑润泽。第二句紧承首句，写萌芽的小草沾着雨露，绿色渐显，远看似青，近看却无，一派朦胧的景象。诗歌的后两句继续赞美初春景色。诗人在第三句中用抒情的方式表达赞美之情，点出这是一年中最美的春景；第四句由抒情转入评述，用“绝胜”一词把此时默默无闻的春草萌发与想象中处处烟柳的皇都进行比较，衬托出早春之时的春雨、春草之美。

二、诗词书写

早春呈水部张十八员外

〔唐〕韩愈

天街小雨润如酥，

草色遥看近却无。

最是一年春好处，

绝胜烟柳满皇都。

三、品画诗词

韩愈《早春呈水部张十八员外》一诗里的春天比较早，春草初绿，似有还无。你想怎样描画呢？试一试吧。

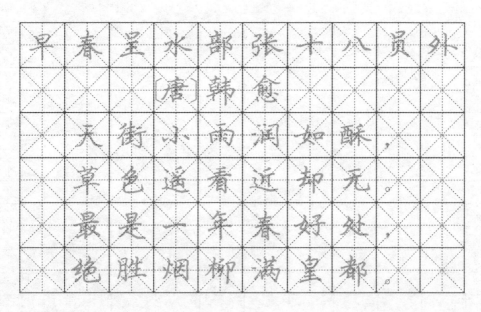

四、诗词默写

五、知识拓展

唐代都城长安即今日的西安。它是在隋代的大兴城的基础上建成的。长安城由宫城、皇城和外郭城三部分组成，是中国古代历史上，也是当时世界上规模最大、建筑最宏伟、规划布局最规范的一座都城。城池面积达 87.27 平方千米，是汉代长安城的 2.54 倍，是明清时期北京城的 1.45 倍，是同时期的拜占庭帝国都城君士坦丁堡的 7.29 倍，是公元 800 年左右所建的巴格达城的 2.87 倍，是罗马城的 6.39 倍。

长安城纵横交错二十五条大街，以朱雀大街为中轴线，将全城分为东、西两市，一共有一百零八坊，所有坊里全部沿着中轴线整齐对称、均匀分布，这是唐长安城特有的布局。白居易曾形容长安城“百千家似围棋局，十二街如种菜畦”。

渔 歌 子

〔唐〕张志和

张志和（生卒年不详），字子同，初名龟龄，自号烟波钓徒，又号玄真子，祁门县婺州金华（今浙江金华）人，有《渔歌子》词五首和诗七首传世。

西塞/山前/白鹭/飞，
桃花/流水/鳜鱼/肥。
青/箬笠，绿/蓑衣，
斜风/细雨/不须/归。

一、诗词导读

《渔歌子》本是唐教坊曲，后用作词调，又名“渔父”“渔父乐”“渔父词”“秋日田父辞”等。唐代宗大历七年（772），颜真卿任湖州刺史，次年到任。张志和受邀去拜见颜真卿。时值暮春，桃花水涨，鳜鱼肥美，他们即兴唱和。张志和首唱，作词五首，这首词是第一首。

这首词描写了江南水乡春汛时期捕鱼的情景。词的首句写景，“西塞山前”点明地点，以“白鹭”飞翔衬托下文渔父的悠闲自得。第二句写桃花盛开时节鳜鱼长得正肥。前两句以从高向低的视角写景，桃红水绿，鹭飞鱼肥，渲染了渔父的生活环境。接下来的两句，“青箬笠，绿蓑衣”，描写了渔父的形象，渔父戴青箬笠，穿绿蓑衣，在斜风细雨中垂钓，乐而忘归。这里的渔父正是词人的自我写照。张志和自号烟波钓徒，二十九岁时，他弃官归隐太湖，过着泛舟江湖、扁舟垂纶的闲适生活。

二、诗词书写

渔歌子

〔唐〕张志和

西塞山前白鹭飞，

桃花流水鳜鱼肥。

青箬笠，绿蓑衣，

斜风细雨不须归。

三、品画诗词

青山碧水，细雨桃花，白鹭鳜鱼，渔翁垂钓，江山如画。你来画一画吧。

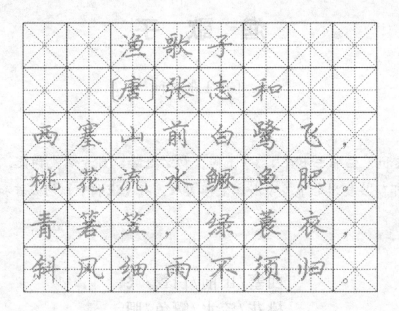

四、诗词默写

五、知识拓展

张志和是唐代最早填词并有较大影响的词人之一，他的《渔父词》源于吴歌中的渔歌，他所作的五首《渔歌子》，词调与意境完全相符，再衬之以美好的自然山水，境高韵远，很有艺术魅力，因此广为传诵。晚唐释德成三十九首《渔父拨棹子》中，有三十六首的句式格律全依张志和的《渔歌子》。传说中“八仙”之一的吕洞宾亦作有《渔父》词十八首，不仅其句式格律全依张志和《渔歌子》，并直接运用到道教的术语中。此后的和凝、欧阳炯、李珣、李煜所作的《渔歌子》，其内容都大同小异，均受张志和《渔歌子》词的影响。可见张志和的《渔歌子》对后世词人影响之大。

望 洞 庭

〔唐〕刘禹锡

刘禹锡（772—842），字梦得，洛阳（今属河南）人，唐朝文学家，有“诗豪”之称。刘禹锡诗文俱佳，与柳宗元并称“刘柳”，与白居易合称“刘白”，与韦应物、白居易合称“三杰”。有《陋室铭》《竹枝词》《杨柳枝词》《乌衣巷》等名篇，存世有《刘宾客文集》。

湖光/秋月/两/相和，
潭面/无风/镜/未磨。
遥望/洞庭/山水/翠，
白银/盘里/一/青螺。

一、诗词导读

唐穆宗长庆四年（824）秋，刘禹锡赴和州刺史任，经洞庭湖时作了此诗。诗题点明此诗描写洞庭湖的景色。全诗紧扣一个“望”字，自上而下描绘洞庭湖秋月下的景色。首句用“两相和”写出澄澈明净的湖水与素月清光交相辉映，天水一色。第二句描写皓月之下的湖面犹如宁静的水潭，潭水波澜不惊，水面如镜。第三句和第四句，诗人的视角从广阔的湖光月色的整体画面转写到具体的湖面，皓月当空，湖水清澈，湖面如银盘，君山倒影如青螺在盘中，色调分明。

二、诗词书写

		望	洞	庭			
		〔唐〕	刘	禹	锡		
湖	光	秋	月	两	相	和	，
潭	面	无	风	镜	未	磨	。
遥	望	洞	庭	山	水	翠	，
白	银	盘	里	一	青	螺	。

三、品画诗词

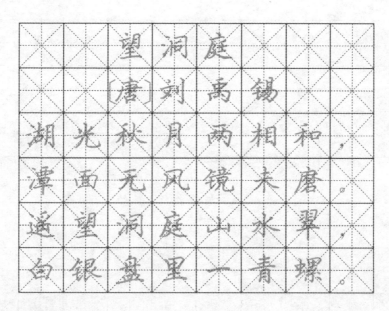

湖光秋月，山水青翠，远望洞庭，别是一番景象。描画一下洞庭月夜的秋景吧。

四、诗词默写

五、知识拓展

洞庭湖古称云梦泽、重湖等，处于长江中游荆江南岸，为我国第二大淡水湖，号称“八百里洞庭”。洞庭湖之名始于春秋战国时期，因湖中洞庭山而得名。“洞庭”是神仙洞府的意思。洞庭山又名君山，相传4000多年前，舜帝南巡，死在苍梧的九嶷山。他的妃子娥皇、女英寻夫被阻于此，两人扶竹痛哭，眼泪滴在竹上，变成斑竹。两个妃子死在了洞庭山，后人建成有二妃墓，称两人为湘妃，称舜帝为湘君。为了纪念湘君，人们就把洞庭山改称君山了。

忆 江 南

［唐］白居易

白居易（772—846），字乐天，号香山居士、醉吟先生，先世为太原（今山西太原）人，后迁居下邽（今陕西渭南）。唐代伟大的现实主义诗人。白居易与元稹共同倡导新乐府运动，世称“元白”，又与刘禹锡并称“刘白”。白居易的诗歌题材广泛，形式多样，语言平易通俗，有“诗魔”和“诗王”之称。代表诗作有《长恨歌》《卖炭翁》《琵琶行》等，有《白氏长庆集》传世。

江南/好，
风景/旧/曾谙。
日出/江花/红/胜火，
春来/江水/绿/如蓝。
能/不忆/江南。

一、诗词导读

《忆江南》是白居易在唐文宗时于洛阳创作的一组词，这是第一首。词的首句以一个“好”字总括江南，表达作者对江南的喜爱。第二句以“谙”字紧扣词牌的“忆”字，点明自己在江南生活过，对那里的风物是很熟悉的。第三句和第四句围绕第一句中的“好”字，用比喻的手法对江花和江水之美进行具体介绍，突出渲染一天之内日出之际的江花红胜火，一季之内的江水碧绿如蓝草。最后以“能不忆江南”的反问收束全词，寄托词人对江南春色的无限赞叹与怀念，又造成一种悠远而又深长的韵味。

二、诗词书写

忆江南

〔唐〕白居易

江南好，

风景旧曾谙。

日出江花红胜火，

春来江水绿如蓝。

能不忆江南。

三、品画诗词

江花似火，江水如蓝，江南春色，让人留恋，给人无限回想。画一画白居易笔下的江南春色吧。

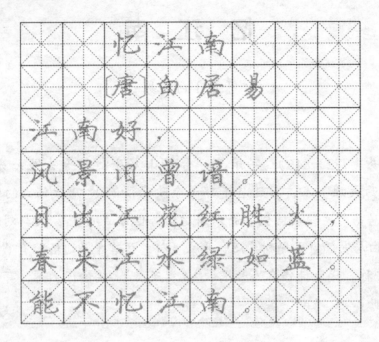

四、诗词默写

五、知识拓展

晚唐五代韦庄的《菩萨蛮》一词对江南同样有美好的描写："人人尽说江南好，游人只合江南老。春水碧于天，画船听雨眠。 垆边人似月，皓腕凝霜雪。未老莫还乡，还乡须断肠。"与白居易的《忆江南》不同，韦庄的这首词里含着哀伤叹惋之情。

江　雪

〔唐〕柳宗元

柳宗元（773—819），字子厚，河东（今山西运城）人，世称柳河东、河东先生，因官终柳州刺史，又称柳柳州，“唐宋八大家”之一，唐代文学家、思想家。柳宗元与韩愈并称“韩柳”，与刘禹锡并称“刘柳”，与王维、孟浩然、韦应物并称“王孟韦柳”，代表作有《溪居》《江雪》《渔翁》，有《河东先生集》。

千山/鸟飞/绝，
万径/人踪/灭。
孤舟/蓑笠/翁，
独钓/寒江/雪。

一、诗词导读

这是一首五言古体诗。诗题“江雪”渲染了诗的氛围。诗歌前两句描写远观之景，诗人运用想象的手法以“千山”“万径”描绘出一幅广阔无边的凄冷而没有生命力的氛围。这两句的写景视角是由上到下的，先描写山上的鸟飞，再描写路上的人踪，以“绝”和“灭”渲染氛围，突出大“雪”笼罩的世界。诗歌后两句承接前两句，画面由前两句的广阔景色具体到江上一个点，以“孤舟”和“独钓”比衬前面的“千山”“万径”，凸显这一“翁”的存在：在“鸟飞绝”“人踪灭”时有了人——一位孤零零的“翁”。翁的形象打破了环境的清寂，使画面有了生命的活力。在这样一个寒冷寂静的环境里，翁虽然形体孤独，但他在垂钓，在生活，在追求，在与这凄冷的环境抗争，表现了钓翁独立天地间的坚毅、孤高。

二、诗词书写

江雪

〔唐〕柳宗元

千山鸟飞绝，

万径人踪灭。

孤舟蓑笠翁，

独钓寒江雪。

三、品画诗词

寒冬之际，江面白雪皑皑，山上鸟雀无踪，江边却有一位渔翁在垂钓。用画笔展示一下柳宗元的心境吧。

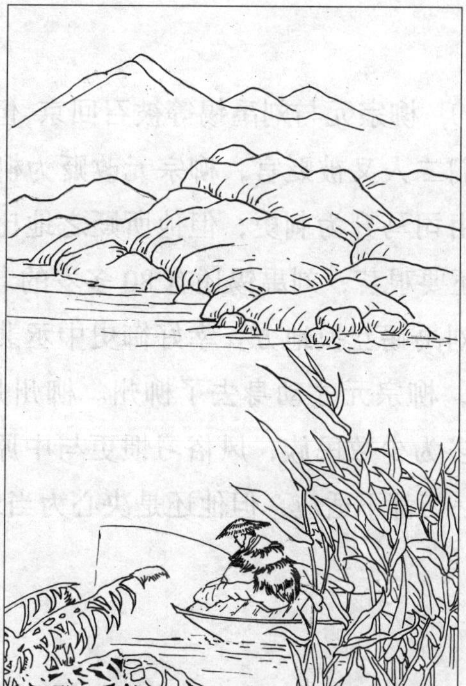

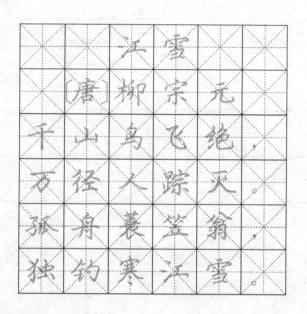

四、诗词默写

五、知识拓展

唐元和十年（815），柳宗元与刘禹锡等被召回京,但都没被重用，由于武元衡等人的仇视，他们二人又被贬官，柳宗元改贬为柳州刺史，刘禹锡为播州刺史。虽然刘禹锡由司马升为刺史，但他所贬之地比原来更偏僻艰苦。柳宗元想到播州比柳州还要艰苦，刘禹锡还有 80 多岁的老母随身奉养，便几次上书给朝廷，要求与刘禹锡互换地方。幸好御史中丞裴度伸出援手，刘禹锡才改贬去连州做刺史，柳宗元才动身去了柳州。柳州是个落后荒凉的地方，生活极端贫困，居民多为少数民族，风俗习惯更与中原大不相同。柳宗元初来这里，语言不通，一切都不适应，但他还是决心为当地民众做些好事。

山 行

〔唐〕杜牧

杜牧（803—852），字牧之，号樊川居士，京兆万年（今陕西西安）人，唐代杰出的诗人、散文家，与李商隐并称“小李杜”，晚年居长安（今陕西西安）西南樊川别墅，故后世称杜牧为杜樊川，有《樊川文集》。

远上/寒山/石径/**斜**，
白云/生处/有/人**家**。
停车/坐/爱/枫林/晚，
霜叶/红于/二月/**花**。

一、诗词导读

《山行》是一首描写和赞美深秋山林景色的七言绝句。诗题“山行”描述山中行走所见。首句写山行远观，以“寒山”点明时令已是深秋；“石径斜”用白描手法写出山路陡峭、崎岖而远，与第二句中的白云生处的人家呼应。第二句继续写山行远观，“有人家”营造了温馨的氛围，改变了第一句中“寒”的气氛，用“白云生处”描写人家的处所高而远，照应了上句中的“远上”和“石径斜”。第三句和第四句写诗人静观秋景，傍晚时节，停车观景，枫林飒飒，枫叶彤红，更胜于二月的春日之花，表达了作者对秋景的喜爱。经霜枫叶才红，登高才能赏美景，美的追求，需要付出。

二、诗词书写

山行

〔唐〕杜牧

远上寒山石径斜，

白云生处有人家。

停车坐爱枫林晚，

霜叶红于二月花。

三、品画诗词

白云深山，枫叶如火。杜牧眼中的秋色是热烈的，你感受到了吗？拿出画笔来描画一下吧。

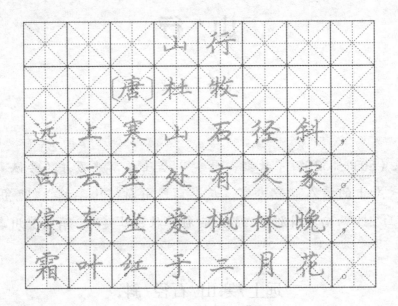

四、诗词默写

五、知识拓展

杜牧的诗《山行》“白云生处有人家”一句中，是“生”字还是“深”字在学术界一直存在争议。宋人洪迈编《万首唐人绝句》写的是“白云生处有人家”，明代高棅（bǐng）编的《唐诗品汇》和清代《御定全唐诗》写的是“白云深处有人家”，清代陈梦雷编辑《古今图书集成》写的是“白云深处有人家”，而《四库全书》所收录的两种版本都有。

江南春

〔唐〕杜牧

杜牧（803—852），字牧之，号樊川居士，京兆万年（今陕西西安）人，唐代杰出的诗人、散文家，与李商隐并称“小李杜”，晚年居长安（今陕西西安）西南樊川别墅，故后世称杜牧为杜樊川，有《樊川文集》。

千里/莺啼/绿/映/**红**，
水村/山郭/酒旗/**风**。
南朝/四百八十/寺，
多少/楼台/烟雨/**中**。

一、诗词导读

《江南春》是一首咏史怀古的七绝。诗题点明本诗描写的是江南春景。诗歌首句紧扣诗题，采用夸张想象的手法来描写江南春色，到处草木繁茂，碧绿无边，鲜花盛开，黄莺鸣叫，描绘出春意盎然、色彩鲜明、鸟语花香的景象。第二句承接第一句写江南水乡人们的生活，临水的村庄，依山的城郭，酒旗飘展，商业繁华，可见人们生活富足。诗歌后两句写史抒情，南朝时的江南曾经也是繁华一时，南朝时建立的寺庙，如今都处在烟雨之中，抒发诗人对历史沧桑巨变的感慨。

二、诗词书写

江南春

〔唐〕杜牧

千里莺啼绿映红，

水村山郭酒旗风。

南朝四百八十寺，

多少楼台烟雨中。

三、品画诗词

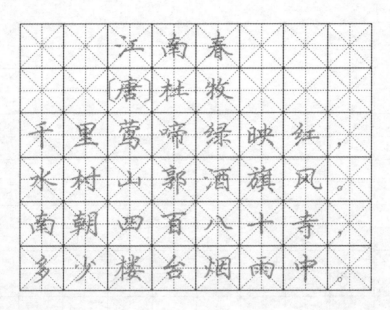

千里莺啼，红花绿树，水村山郭，酒旗招展，烟雨楼台中尽显江南春色。拿出画笔画一画江南美景吧。

四、诗词默写

五、知识拓展

南北朝时期，帝王尊崇佛教，建造了很多寺庙。那时的寺庙多以木材建构。根据清朝刘世琦所作《南朝寺考序》可知，南朝梁有佛寺 2800 多座，其中都城建康（今南京）就有 700 多座。当时著名的寺庙有同泰寺、瓦官寺、栖霞寺等。

梁武帝萧衍把吃素食等佛教禁忌推广到民间，要全国百姓都效仿，祭拜用的牛羊要用蔬菜代替，对佛教的推崇到了事事亲为的地步。他在位时建寺庙已达 500 多座，当时的僧尼达 10 万人。广建寺庙，劳民伤财，导致民生凋敝，加重了社会危机，也正因此诗人才会有“多少楼台烟雨中”的慨叹。

书湖阴先生壁

〔宋〕王安石

王安石（1021—1086），字介甫，号半山，临川（今属江西）人，北宋著名思想家、政治家、文学家、改革家，世称王文公。他的诗风格含蓄深沉、深婉不迫，世称“王荆公体”，有《王临川集》存世。

茅檐/长扫/净/无苔，
花木/成畦/手/自栽。
一水/护田/将/绿/绕，
两山/排闼/送/青/来。

一、诗词导读

《书湖阴先生壁》是七言绝句，共有两首诗，都是题壁诗，这是第一首。诗歌前两句描写湖阴先生住处的清幽雅静。诗人先用“茅檐”具体写胡阴先生的居所，用“无苔”描写庭院之内无处不净，无时不净。第二句用“花木”写湖阴先生的隐居生活，花草都亲手栽种，分畦整齐，由此可知，湖阴先生勤劳自律，生活舒适怡然。诗歌第三句和第四句通过湖阴先生居所的周边环境，写出湖阴先生的气度修为。他的居所依山傍水，水田环绕，“仁者乐山，智者乐水”，湖阴先生山水相伴的居所既体现了他纳山水于眼底的心怀，又体现出他作为仁者智者的情操。诗人用拟人手法，将“一水”“两山”用“护”和“送”字写活了，既写出环境的优美，又表现了湖阴先生清雅高洁的品质。

二、诗词书写

书湖阴先生壁

〔宋〕王安石

茅檐长扫净无苔，

花木成畦手自栽。

一水护田将绿绕，

两山排闼送青来。

三、品画诗词

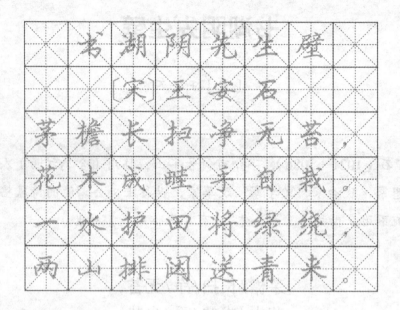

茅屋清幽，鲜花满园；田野青青，一水环绕，青山相对，好一幅乡村美景。用你的画笔描绘出这一美景吧。

四、诗词默写

五、知识拓展

传说王安石不太注意自己的仪表，经常是衣裳肮脏，须发纷乱，邋遢不堪。庆历五年（1045），韩琦任扬州知府，王安石做签判，成为韩琦的助手。王安石经常通宵达旦地读书，因此来不及洗漱。韩琦以为王安石夜夜寻欢作乐，就劝他不可荒废读书。王安石也不辩解，只是说韩公不能知我。后来韩琦才发现，王安石非常有才华。

六月二十七日望湖楼醉书

〔宋〕苏轼

苏轼（1037—1101），字子瞻，又字和仲，号东坡居士、铁冠道人，世称苏东坡、苏仙，眉州眉山（今属四川）人，北宋文学家、书法家、画家。苏轼是北宋中期的文坛领袖，在诗词、散文、书画等方面均取得了很高成就。其父苏洵和其弟苏辙也是著名文学家，他们父子三人合称“三苏”；其诗与黄庭坚并称“苏黄”；其词开豪放一派，与辛弃疾同是豪放派代表，并称“苏辛”；其散文与欧阳修并称“欧苏”，二人同被列入“唐宋八大家”。苏轼亦善书，为“宋四家”之一；工画，尤擅墨竹、怪石、枯木等。有《东坡七集》《东坡易传》《东坡乐府》等传世。

黑云/翻墨/未/遮山，
白雨/跳珠/乱/入船。
卷地/风来/忽/吹散，
望湖楼/下/水/如天。

一、诗词导读

《六月二十七日望湖楼醉书》是苏轼谪居杭州期间创作的组诗，这是其中一首。诗歌首句写暴雨来之前黑云的气势，诗人用比喻的手法，把乌云比作打翻的墨水，铺天而来。第二句描写暴雨的急，黑云还没完全遮住山，暴雨就倾盆而下，用“白”写出雨的颜色，又把雨比作“跳珠”，形容雨大而急。这两句写雨来之前和暴雨开始，有声有色，一个“未”字，突出了天气变化之快；一个“跳”字和“乱”字，写出了暴雨之大。第三句写风中的雨，狂风席卷大地，雨随风飞散，诗人用“卷”字写出风的猛烈，突出天色变化之快，显示了风的巨大威力；用“忽”字写出雨落地面后，积水被风吹散的场景。第四句承接三句，写楼下聚集的雨水被狂风吹散后的场景，水面成片，连接到天边，好像一切都不曾发生。

二、诗词书写

六月二十七日望湖楼醉书

〔宋〕苏轼

黑云翻墨未遮山，

白雨跳珠乱入船。

卷地风来忽吹散，

望湖楼下水如天。

三、品画诗词

西湖的大雨是很少人写的，苏轼的这首《六月二十七日望湖楼醉书》一反常态，带我们看到了西湖的另一面。用画笔感受一下暴雨中的西湖吧。

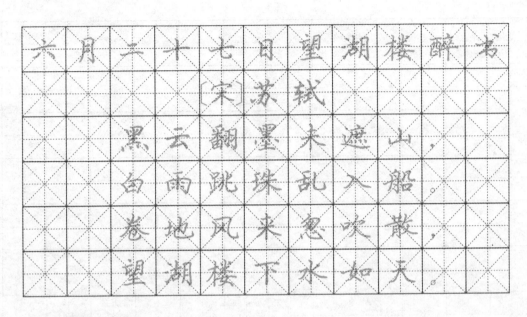

四、诗词默写

五、知识拓展

宋仁宗嘉祐二年（1057），苏轼参加科举考试，写了一篇论文《刑赏忠厚之至论》，得到了考官梅尧臣的青睐，并推荐给主试官欧阳修看。欧阳修看完非常赞赏，欲拔擢为第一，但又以为这篇文章是自己的门生曾巩所作，为了避嫌，就列为第二。结果试卷拆封后，才发现这篇文章是苏轼所作。到了礼部复试时，苏轼以《春秋》对义被取为第一。

饮湖上初晴后雨

〔宋〕苏轼

苏轼（1037—1101），字子瞻，又字和仲，号东坡居士、铁冠道人，世称苏东坡、苏仙，眉州眉山（今属四川）人，北宋文学家、书法家、画家。苏轼是北宋中期的文坛领袖，在诗词、散文、书画等方面均取得了很高成就。其父苏洵和其弟苏辙也是著名文学家，他们父子三人合称“三苏”；其诗与黄庭坚并称“苏黄”；其词开豪放一派，与辛弃疾同是豪放派代表，并称“苏辛”；其散文与欧阳修并称“欧苏”，二人同被列入“唐宋八大家”。苏轼亦善书，为“宋四家”之一；工画，尤擅墨竹、怪石、枯木等。有《东坡七集》《东坡易传》《东坡乐府》等传世。

水光/潋滟/晴/方好，
山色/空蒙/雨/亦奇。
欲把/西湖/比/西子，
淡妆/浓抹/总/相宜。

一、诗词导读

《饮湖上初晴后雨》是苏轼组诗作品的第二首。从诗题可知，诗人在西湖饮酒游赏，雨后初晴，阳光明丽，后来又下起了雨，晴和雨这两种不同的景致，他都很欣赏。首句写雨过天晴后的西湖水在阳光照耀下，水波闪动、亮丽明快的状态。第二句写西湖周边的山色因水气而显得迷茫，似有若无，景色奇妙。诗歌前两句的写景为后两句的抒情做铺垫。诗歌后两句抒发对西湖美的赞叹，把西湖比作西施，西湖如美人一样，无论妆扮得淡雅还是浓艳，都是美的。

二、诗词书写

饮湖上初晴后雨

［宋］苏轼

水光潋滟晴方好，

山色空蒙雨亦奇。

欲把西湖比西子，

淡妆浓抹总相宜。

三、品画诗词

西湖美如画，晴雨皆是景，画笔能画出西子之湖的“淡妆浓抹总相宜”的美吗？来试一试吧。

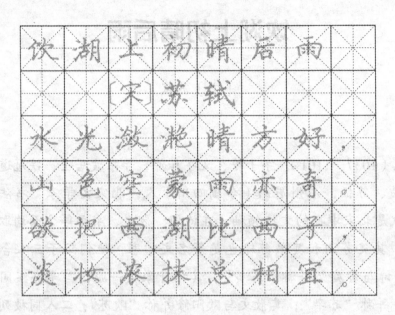

四、诗词默写

五、知识拓展

宋元祐四年（1089），苏轼第二次来杭州做知州，见西湖水逐渐干涸，湖中长满野草，严重影响了农业生产，他决定要学唐朝诗人白居易，疏浚西湖，为杭州人做件好事。于是在第二年，他上书朝廷，要求疏浚西湖。苏轼先后动用二十余万民工，把挖出的草和淤泥筑成一条南起南屏山麓，北到栖霞岭，全长近三公里的长堤，后人为缅怀他，称此堤为“苏公堤”，简称“苏堤”。

惠崇春江晚景

〔宋〕苏轼

苏轼（1037—1101），字子瞻，又字和仲，号东坡居士、铁冠道人，世称苏东坡、苏仙，眉州眉山（今属四川）人，北宋文学家、书法家、画家。苏轼是北宋中期的文坛领袖，在诗词、散文、书画等方面均取得了很高成就。其父苏洵和其弟苏辙也是著名文学家，他们父子三人合称“三苏”；其诗与黄庭坚并称“苏黄”；其词开豪放一派，与辛弃疾同是豪放派代表，并称“苏辛”；其散文与欧阳修并称“欧苏”，二人同被列入“唐宋八大家”。苏轼亦善书，为“宋四家”之一；工画，尤擅墨竹、怪石、枯木等。有《东坡七集》《东坡易传》《东坡乐府》等传世。

竹外/桃花/三两/**枝**，
春江/水暖/鸭/先**知**。
蒌蒿/满地/芦芽/短，
正是/河豚/欲上/**时**。

一、诗词导读

惠崇是北宋时期能诗善画的僧人，苏轼在他的《春江晚景》画上题写此诗。诗的首句描写《春江晚景》这幅画作的内容，青竹与桃花，颜色鲜艳分明。用“桃花”紧扣画作的春意；用“三两枝”点出早春，与第二句“水暖”相照应。第二句承接第一句，视角由高往低，由地上到江中：“江”与“鸭”，视觉由远及近，江上春水荡漾，鸭在水中嬉戏，表现出江水中的春意和活泼的动态。诗的后两句仍是围绕“春江”来写，低矮的蒌蒿已绿满江边，芦苇也已发芽，用“满”和“短”与“三两枝”相呼应。前三句描绘出《春江晚景》春意融融的画作内容，为最后一句抒情做铺垫。最后一句写诗人的想象，江中美味的河豚也到了该食用的时候了。

二、诗词书写

惠崇春江晚景

〔宋〕苏轼

竹外桃花三两枝，

春江水暖鸭先知。

蒌蒿满地芦芽短，

正是河豚欲上时。

三、品画诗词

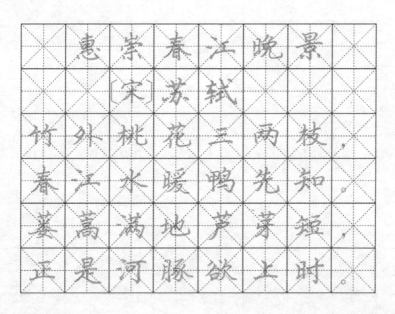

桃花初绽，竹林青翠，芦苇发芽，群鸭游水。我们给这幅画上一上色彩吧。

四、诗词默写

五、知识拓展

苏轼在《九日次韵王巩》这首诗中写道："相逢不用忙归去，明日黄花蝶也愁。"意思是：既已相聚在一起就不要着急回去，还是趁这菊花盛开的重阳节日赏花为好。因为，倘等到"明日"，重阳已过，不但人观之无趣，恐怕飞舞的彩蝶看了那过时的菊花也会犯愁的。后来，大家便将"明日黄花"作为一个成语来表示事情已"过期"之意。

三衢道中

〔宋〕曾几

曾几（1084—1166），字吉甫，自号茶山居士，南宋诗人，赣州（今属江西）人，有《茶山集》。

梅子/黄时/日日/晴，
小溪/泛尽/却/山行。
绿阴/不减/来时/路，
添得/黄鹂/四五/声。

一、诗词导读

《三衢道中》是一首七言绝句的纪行诗，写诗人行于三衢山道中的见闻感受。诗歌首句点明此行的时间是“梅子黄时”，此时正是江南梅雨时节，难得有这样“日日晴”的好天气，诗人的心情自然愉悦，游兴很浓。第二句写诗人乘轻舟泛溪而行，溪尽而舍舟登岸，在山路上步行。一个“却”字，道出了他高涨的游兴。诗歌后两句紧承第二句“山行”，写山行景色，绿树荫浓，爽静宜人，更有黄鹂啼鸣，幽韵悦耳，渲染出诗人舒畅愉悦的心情。

二、诗词书写

		三	衢	道	中		
		〔宋〕	曾	几			
梅	子	黄	时	日	日	晴	，
小	溪	泛	尽	却	山	行	。
绿	阴	不	减	来	时	路	，
添	得	黄	鹂	四	五	声	。

三、品画诗词

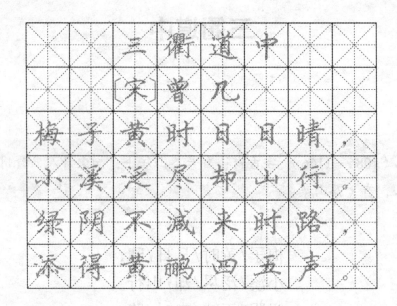

黄梅成熟，沿着溪水游山，绿树成荫，黄鹂清叫，拿出你的画笔描画一下三衢道中的夏日之景吧。

四、诗词默写

五、知识拓展

我国长江中下游地区，通常每年6月中旬至7月上旬前后进入天空连日阴沉、降水连绵不断的时节。此时，器物易霉，因此把这个时候称为“霉雨”，简称“霉”；又值江南梅子黄熟之时，因此又把这个时候称为“梅雨”或“黄梅雨”。梅雨开始的日子为“入梅”（或“立梅”），结束那天为“出梅”（或“断梅”）。

持续连绵的阴雨、气温高、湿度大是梅雨时节的主要特征。所以我国南方流行着这样的谚语：“雨打黄梅头，四十五日无日头。”

小 池

〔宋〕杨万里

杨万里（1127—1206），字廷秀，号诚斋，吉州吉水（今属江西）人，南宋著名文学家、爱国诗人，与陆游、尤袤、范成大并称“南宋四大家”（又称“中兴四大诗人”）。宋光宗曾为其亲书“诚斋”二字，故学者称其为“诚斋先生”。有《诚斋集》等。

泉眼/无声/惜/细流，
树阴/照水/爱/晴柔。
小荷/才露/尖尖/角，
早有/蜻蜓/立/上头。

一、诗词导读

《小池》是一首七言绝句。诗题点明写作对象是一方小池塘。诗歌首句紧扣一个“小”字，描写小池的水源——“泉”，从听觉写其“无声”，从视觉写其“细流”，用“惜”字将泉眼拟人化，好像有所爱惜一样，让流水细细缓缓地流出，没有一点声音。第二句用拟人的手法描写晴空下池畔的绿树投阴于池水中，池水虽小，却是绿树垂影，明暗相间，清晰可见。第三句和第四句也是紧扣“小”字来写。第三句描写小池中的“小荷”，荷花含苞，用“才露”点明时令，为下句蜻蜓的出现做铺垫；“尖尖角”描写荷花含着细小的花苞，在小池的滋润下，等待开放。第四句承接第三句，横向写小池，线条形的泉水，涓涓细流；纵向写岸边树木、水中的小荷；特写“小荷”的一点对“蜻蜓”的一点，一个“才露”，一个“早立”，前后照应，活泼自然，极富情趣。这首诗描写一眼泉、一细流、一树影、一小荷、一蜻蜓，在“小”中充满诗情画意。

二、诗词书写

小池

〔宋〕杨万里

泉眼无声惜细流，

树阴照水爱晴柔。

小荷才露尖尖角，

早有蜻蜓立上头。

三、品画诗词

树阴照水，泉水细流，荷花柔嫩，翩跹的蜻蜓轻落于小荷之上，半亩小塘之中却景致细腻。拿出你的画笔描画一下这一方小天地里的生命吧。

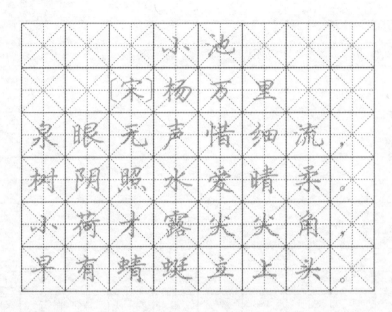

四、诗词默写

五、知识拓展

宋乾道六年（1170），杨万里被任命为隆兴府奉新（今属江西宜春）知县。这一年，正赶上大旱，百姓生活十分困苦。杨万里到任后，发现官署府库却依然空虚，监牢中关满了交不起租税的百姓。他明白，这是地方官吏在中间盘剥百姓所致。于是他下令释放被关押的百姓，并禁止官吏随意逮捕、拘押百姓，然后发给每户一纸通知，放宽他们的纳税额和期限。结果百姓纷纷自动前来纳税，不出一月，欠税全部交清。杨万里在奉新任职虽然只有半年，却很有政绩，初次实践了他不扰民的政治理念。

游园不值

〔宋〕叶绍翁

叶绍翁（生卒年不详），字嗣宗，浙江龙泉（今浙江龙泉）人，南宋中后期文学家、诗人，著有《四朝闻见录》。

应怜/屐齿/印/苍苔，
小扣/柴扉/久/不开。
春色/满园/关/不住，
一枝/红杏/出墙/来。

一、诗词导读

《游园不值》是一首七言绝句。诗题点明诗人春游，不巧园门未开放。诗歌首句写诗人想进入园中游春，轻扣花园的柴门，却久久没有开，引发诗人的联想，主人是怕园里的满地青苔被人践踏，所以闭门谢客吧。诗人无可奈何，正要扫兴而归时，抬头之间，忽见墙上一枝盛开的红杏探出头来。诗人由此领略到满园热闹的春色，感受到满园绚丽的春光，一种意外的喜悦油然而生。

二、诗词书写

游园不值

[宋]叶绍翁

应怜屐齿印苍苔，

小叩柴扉久不开。

春色满园关不住，

一枝红杏出墙来。

三、品画诗词

满园春色，却是通过一枝红杏的外露来显现。我们用什么色彩描画这一春天之景呢?

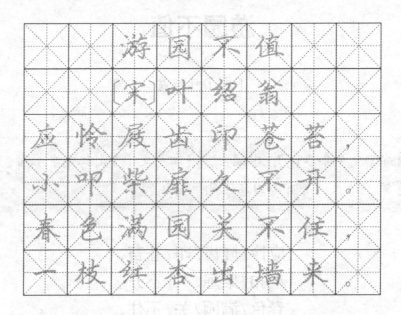

四、诗词默写

五、知识拓展

叶绍翁是江湖诗派诗人。“江湖诗派”是南宋后期兴起的一个诗派，因陈起刊刻的《江湖集》而得名。当时书商陈起与许多诗人相友善，于是刻印了《江湖集》《江湖续集》《江湖后集》等书，后人就称这一诗派为江湖诗派。

《江湖集》中所录诗作的作者大部分或为布衣，或为下层官吏，身份较为低微。江湖诗人时时抒发欣羡隐逸、鄙弃仕途的情绪，也经常指斥时弊，讥讽朝政，表现出不愿与当朝者为伍的心态。

图书在版编目（CIP）数据

书画古诗词 / 贾真光主编 . —北京：中国书店，2021.12

ISBN 978-7-5149-2454-1

Ⅰ . ①书… Ⅱ . ①贾… Ⅲ . ①古典诗歌－中国－小学－教学参考资料 Ⅳ . ①G624.203

中国版本图书馆 CIP 数据核字（2020）第 015537 号

书画古诗词

贾真光　主编

责任编辑　卢玉珊

出版发行：中国书店

地　　址：北京市西城区琉璃厂东街 115 号

邮　　编：100050

印　　刷：河北华商印刷有限公司

开　　本：787mm × 1092mm　1/16

版　　次：2021 年 12 月第 1 版第 1 次印刷

印　　张：15

字　　数：367 千

书　　号：ISBN 978-7-5149-2454-1

定　　价：39.00 元